El Juego de Autoevaluación Ágil

Une herramienta de coaching ágil para mejorar la agilidad de tus equipos y organización

Ben Linders

ISBN 9789492119278

Éste es un libro de Leanpub. Leanpub anima a los autores y publicadoras con el proceso de publicación. Lean Publishing es el acto de publicar un libro en progreso usando herramientas sencillas y muchas iteraciones para obtener retroalimentación del lector hasta conseguir el libro adecuado.

¡Tuitea sobre el libro!

Por favor ayuda a Ben Linders hablando sobre el libro en Twitter!

El tuit sugerido para este libro es:

Estoy leyendo El juego de autoevaluación ágil: una herramienta de coaching ágil para mejorar la agilidad de tus equipos y organización #AssessAgility

El hashtag sugerido para este libro es #AssessAgility.

Descubre lo que otra gente dice sobre el libro haciendo clic en este enlace para buscar el hashtag en Twitter:

#AssessAgility

También por Ben Linders

What Drives Quality

Getting Value out of Agile Retrospectives

Waardevolle Agile Retrospectives

Welchen Wert Agile Retrospektiven liefern

Tirer profit des rétrospectives agiles

Obtendo Valor de Retrospectivas Ágeis

Ottieni il meglio dalle tue Retrospettive Agili

Извлекаем пользу из Agile-ретроспектив

Obteniendo valor de las Retrospectivas ágiles

从敏捷回顾中收获价值

アジャイルふりかえりから価値を生み出す – 日本語版

Wartościowe Retrospekcje Agile

Continuous Improvement

Αποκομίζοντας αξία από τα Agile Retrospectives

Khai thác giá trị Agile Retrospective

Jak zvýšit přínos agilních retrospektiv

The Agile Self-assessment Game

Problem? What Problem?

Agile Manifesto Retrospectives Questions Cards

Agile Testing Coaching Cards

Agile Retrospectives Bingo

Agile Retrospective Smells Cards

*Este libro está dedicado a todos los grandes equipos ágiles
de todo el mundo para ayudarlos a mejorar aún más.*

<u>*Lo que dicen del juego de autoevaluación ágil*</u>

Un juego fabuloso que ayuda al equipo a comprender mejor dónde se encuentran en su viaje ágil, generar información y determinar qué pueden hacer a continuación para mejorar.

Amir Peled, Coach ágil en el Centro de desarrollo de software de ING

Jugué el juego y fue muy útil. ¡Nos dimos cuenta de nuestro nivel de madurez ágil, reconocimos las mejores prácticas, muy buenas ideas y nos divertimos mucho!

Dimitris Dimitrelos, coach ágil de Accenture

Me gustaron las discusiones que generaron las tarjetas: salieron a la luz muchas cosas y tuvimos excelentes conversaciones.

Sandy Mamoli, coach ágil y fundadora de Nomad8 Auckland, Nueva Zelanda

Jugué el juego con mis alumnos. Los beneficios que obtuvimos son una mejor comprensión de lo que se debe implementar dentro del equipo y la organización para lograr una agilidad exitosa. Es divertido y una buena forma de iniciar conversaciones productivas dentro del equipo.

Lisa Sieverts, Instructora en Harvard University Extension School

Gran juego: muy poderoso que proporciona información maravillosa.

Michael Whitworth, coach ágil, formador, asesor, consultor de Agileize

Índice general

Prólogo

Soy un bloguero activo en www.benlinders.com. En mi blog, comparto mis experiencias sobre temas ágiles y Lean, incluidas las autoevaluaciones ágiles. Siempre he sido un gran admirador de las evaluaciones. Te ayudan a reflexionar, a ver cómo te va y a encontrar formas de mejorar.

A principios de los noventa, comencé a realizar evaluaciones con el Capability Maturity Model (CMM) que luego se convirtió en CMMI. Preferí hacer evaluaciones de clase C; minievaluaciones focalizadas en las que trabajé intensamente junto con profesionales para ayudarlos a descubrir qué tan bien lo estaban haciendo y en qué podían mejorar.

Cuando ágil comenzó a despegar en este siglo, muchos de los equipos con los que trabajé querían saber qué tan ágiles eran. Busqué herramientas y listas de verificación para Ágil que estudié en detalle. También probé algunas de ellas y las adapté para satisfacer las necesidades específicas de los equipos y organizaciones con las que trabajo.

A lo largo de los años, encontré muchas listas de verificación y herramientas que se pueden utilizar para la autoevaluación; las incluyo en mi página web Herramientas y Listas de Verificación para Autoevaluación Ágil que mantengo desde septiembre de 2013.

A principios de 2016 creé la primera versión de mi juego de cartas para hacer autoevaluaciones ágiles con equipos. Comencé a usar el juego con más frecuencia en mis talleres para enseñar prácticas ágiles y cuando acompaño equipos para ayudarlos a reflexionar y mejorar a su propio ritmo. Cada vez que lo usé, adapté el juego mejorando los enunciados en las tarjetas, quitando algunas y agregando nuevas tarjetas.

La primera aparición pública con el Juego de autoevaluación ágil fue en XP Days 2016. La sala estaba completamente llena, a la gente realmente le gustó el juego y habló muy bien de él.

A continuación, agregué el juego a mi tienda web. En los primeros meses, 1000 ++ personas descargaron el juego y lo jugaron. Recibió excelentes críticas y se convirtió en un gran éxito. Agregué paquetes de expansión para marcos ágiles específicos y actualicé el juego en función de los comentarios recibidos y mis experiencias al jugarlo.

Este es el primer libro específico sobre autoevaluaciones ágiles. En él, explico qué son las autoevaluaciones y por qué las haría, y exploro cómo hacerlas utilizando el Juego de autoevaluación ágil. También comparto las experiencias de personas que lo han jugado.

El libro se basa en mi experiencia como desarrollador, probador, líder de equipo, gerente de proyectos, gerente de calidad, gerente de procesos, consultor, coach, instructor y asesor en Ágil, Lean, Calidad y Mejoramiento Continuo. El libro profundiza en las autoevaluaciones, las ve desde diferentes perspectivas y proporciona ideas, sugerencias, prácticas y experiencias que te ayudarán a realizar autoevaluaciones ágiles efectivas con tus equipos.

Dirijo este libro a Scrum Masters, coaches ágiles, consultores que lideran transformaciones ágiles, desarrolladores y evaluadores, gerentes de proyectos, gerentes de línea y CxO; básicamente para cualquiera que esté buscando una forma efectiva de ayudar a sus equipos ágiles a mejorar y aumentar la agilidad de su organización.

Me encanta escuchar tus experiencias al jugar el juego. ¡No dudes en enviarme un correo electrónico a benlinders@gmail.com!

Finalmente, me gustaría agradecer a todas las personas que invierten tiempo en leer mi blog y comentar los artículos. ¡Tus comentarios me ayudan a comprender mejor los temas sobre los que escribo y hacen que valga la pena seguir escribiendo en el blog!

Ben Linders
Enero de 2019

Prólogo a la edición en español

Mi libro en inglés The Agile Self-Assessment Game está traducido a diferentes idiomas por equipos de voluntarios de diferentes países. Estás leyendo la edición en español de este libro.

¿Por qué trabajo con voluntarios para traducir nuestro libro? ¡Porque puedo! La gente empezó a preguntarme si podían ayudarme con la traducción (al igual que la gente se ofreció a revisar la versión en inglés). Cuando me acerqué para pedir ayuda, la gente me dijo que les encantaría hacerlo. Les pregunto si conocen a otras personas de su red y los invitan a unirse al equipo. ¡Funciona!

Un gran agradecimiento a los muchos traductores, revisores y editores por el tiempo que invirtieron en mis libros y sus sugerencias y comentarios para mejorarlos. Me están ayudando a hacer realidad nuestro sueño: ¡mejores equipos en todo el mundo!

El libro original en inglés ha sido traducido al español por:

Lucho Salazar

Lucho es coach ágil, consultor independiente, coautor del libro Historias de usuario: una visión pragmática. traductor al español de la guía oficial de Scrum y de la Guía de Nexus.

Lucho se ha dedicado a habilitar entornos más productivos para equipos de desarrollo de productos. Su foco es llevar a los equipos a pensar en Mejoramiento Continuo a la vez que interactúen como un sistema complejo que les permita entregar frecuentemente productos de valor para el negocio mientras se divierten haciéndolo.

Email: lucho.salazar@gmail.com
Twitter: @luchosalazarc

Linkedin: https://www.linkedin.com/in/luchosalazar/
Website: gazafatonarioit.com

Han participado en la revisión de la traducción:

Jorge Hernan Abad Londoño

Enterprise Agile Coach, dedicado a ayudar a que organizaciones y equipos den resultados asombrosos empleando enfoques Lean y Agile. Con experiencia en transformaciones ágiles y adopción de la agilidad a nivel de programas y portafolios de tecnología, áreas de recursos humanos y empresas de electrónica.

Email: jorge.abad@gmail.com
Twitter: @jorge_abad
Linkedin: https://www.linkedin.com/in/jorgeabadl/
Website: lecciones-aprendidas.info

Leonardo Agudelo

Se ha dedicado al desarrollo de software desde diferentes roles. Desde 2011 es un agilista convencido y promueve transformaciones ágiles en cada equipo y compañía en la que ha tenido la oportunidad de intervenir.

Email: sweepnoise@gmail.com
Twitter: @sweepnoise
LinkedIn: https://www.linkedin.com/in/leonardo-agudelo-829bb854

Traducir para mí es otra forma de compartir conocimientos y experiencias. Los equipos de voluntarios están formados por personas muy motivadas. Quieren saber cómo resolver problemas y ser ágiles, y esta es una forma de aprender técnicas y utilizarlas en su trabajo diario. Como autor, los apoyo explicándoles las técnicas, respondiendo preguntas y compartiendo mi conocimiento y experiencia. Si deseas trabajar conmigo de manera similar, no dudes en ponerte en contacto conmigo a través de BenLinders@gmail.com.

Introducción

Este libro trata sobre las autoevaluaciones ágiles, una práctica que los equipos y las organizaciones utilizan para explorar qué tan bien lo están haciendo y proponer ideas para mejorar su agilidad.

Qué hay en este libro

En este libro, exploro el Juego de autoevaluación ágil, un juego de cartas que creé y que ahora juegan equipos de todo el mundo. Los equipos lo utilizan para reflexionar sobre su propio funcionamiento interno y acordar los próximos pasos para su viaje ágil.

Hay un capítulo completo con Sugerencias de juego que brinda ideas sobre cómo jugar el juego en sus equipos.

Proporciono Historias de experiencias, de mí mismo y de otros que jugaron, para inspirarte y compartir cómo usar las cartas y mostrar lo que el juego puede hacer.

La lista de Preguntas frecuentes da respuesta a cualquier pregunta que puedas tener sobre las autoevaluaciones ágiles y el juego.

El juego de autoevaluación ágil es una de las formas de evaluar tu agilidad. El capítulo Herramientas de evaluación y listas de verificación proporciona listas de verificación y herramientas adicionales para evaluaciones ágiles.

Este libro de *Autoevaluaciones ágiles* no pretende enseñarte la teoría detrás de las autoevaluaciones ni dar descripciones detalladas de todas las posibles herramientas y prácticas de autoevaluación. Hay varias posibilidades de conseguir capacitación y apoyo para jugar el juego.

La bibliografía enumera una lista extensa de libros, artículos y enlaces que puedes utilizar para adquirir un conocimiento profundo de las autoevaluaciones.

Cómo usar el libro

Este es un libro práctico con muchas técnicas e ideas que puedes aplicar en tu situación específica. Su objetivo es ayudarte a apoyar a los equipos que desean mejorar y volverse completamente auto-organizados.

Hay muchas sugerencias en este libro que te ayudarán a aplicar las autoevaluaciones. Están marcadas como consejos con un símbolo de llave:

Prueba esos consejos que te parezcan adecuados y ve si funcionan para ti. Si lo hacen, ¡genial! Si no es así, prueba con otro.

También agregué historias y casos de organizaciones con las que he trabajado para compartir mi experiencia:

Las historias y los casos están encuadrados con un símbolo de usuario. Úsalos para inspirarte y pensar en lo que podrías hacer.

Las sugerencias proporcionadas en este libro son adecuadas para coaches ágiles, Scrum masters, equipos ágiles y gerentes de organizaciones ágiles.

Registra tu libro hoy para obtener acceso a materiales de apoyo y descargar los mazos de cartas para jugar juegos de este libro con un descuento en benlinders.com/agile-self-assessment-game.

Con muchas ideas, sugerencias y casos prácticos sobre autoevaluaciones ágiles, este libro te ayudará a aplicar las evaluaciones en tu organización y ayudará a los equipos a mejorar.

Juego Autoevaluación Ágil

Los equipos y organizaciones utilizan el juego de autoevaluación ágil para autoevaluar su agilidad. El juego permite a los equipos reflexionar sobre la interacción de su propio equipo y acordar los próximos pasos para su viaje ágil.

Con este juego de cartas, los equipos y las organizaciones pueden descubrir qué tan ágiles son y qué pueden hacer para aumentar su agilidad y ofrecer más valor a sus clientes y partes interesadas.

En este capítulo, exploro lo que puedes hacer para evaluar tu agilidad y explico cómo se puede utilizar el Juego de autoevaluación ágil para realizar evaluaciones y respaldar mejoras.

Evalúa tu agilidad

Los métodos y marcos ágiles como Scrum, Kanban, SAFe o LeSS, no te dicen cómo aumentar tu agilidad. Proporcionan prácticas, roles y actividades, y una estructura que los une. Pero no son recetas que puedan ayudarte a ser verdaderamente ágil.

 Los valores y principios del manifiesto para el desarrollo ágil de software establecen que tienes que encontrar tu propio camino para volverte ágil, reflejando cómo te está yendo y descubriendo dónde y cómo necesitas mejorar.

Una autoevaluación ágil es una técnica para saber qué tan ágil eres. Estas evaluaciones normalmente las realizan los propios equipos, investigando su forma de trabajar contra la mentalidad, los principios y las prácticas ágiles.

Las autoevaluaciones pueden estar basadas en preguntas o pueden usar listas de verificación o marcos para evaluar el desempeño del equipo. Se pueden utilizar para investigar y discutir el uso de prácticas y técnicas ágiles y evaluar su contribución al valor que están entregando los equipos.

 Los equipos ágiles usan autoevaluaciones para averiguar qué tan bien se están desempeñando.

Los equipos pueden usar autoevaluaciones ágiles para decidir qué prácticas quieren usar y cómo aplicarlas de una manera que les ayude a hacer su trabajo de manera eficiente y efectiva.

Como sugiere el nombre, las autoevaluaciones ágiles son el tipo de evaluación que los miembros del equipo profesional pueden y deben hacer ellos mismos. Esto es lo que los diferencia de las evaluaciones o auditorías externas.

Con las autoevaluaciones ágiles, los equipos son libres de decidir qué hacer y cómo hacerlo. Ni la evaluación ni los resultados se imponen al equipo.

La autoevaluación puede ayudarte a aumentar la agilidad de tu organización.

Los coaches y consultores ágiles utilizan autoevaluaciones en transformaciones ágiles para guiar a los equipos y ayudarlos a aprender sobre ágil para encontrar su propio camino.

Gamificación

Las prácticas de autoevaluación (el juego y las sugerencias de juego) descritas en este libro se basan en la gamificación. La gamificación es un enfoque en el que los principios y prácticas de los juegos se utilizan en un contexto ajeno al juego.

En mi trabajo, aplico la gamificación en un contexto empresarial y de trabajo en equipo. Se trata de utilizar las prácticas de los juegos para apoyar a los profesionales que trabajan juntos para ofrecer más valor de negocio; agregar aspectos de juego a su trabajo diario para permitir el cambio y fomentar la mejora continua y sostenible.

 Mi experiencia es que la gamificación es una excelente manera de involucrar y comprometer a las personas.

Existen diferencias significativas entre juegos y gamificación. Los principales son:

- Los juegos se utilizan normalmente para aprender cosas nuevas y practicarlas, mientras que la gamificación intenta inspirar a las personas y fomentar el cambio de comportamiento.
- La gamificación se centra en el valor esperado y los resultados, mientras que los juegos prestan atención a las reglas y los procesos.

Tanto los juegos como la gamificación tienen valor, pero cuando se trata de autoevaluaciones y cambio organizacional, prefiero usar la gamificación, ya que involucra a las personas en su propio viaje ágil.

 Aunque estoy aplicando gamificación, decidí usar el término "juego" para el enfoque de evaluación descrito en este libro. Los juegos atraen a las personas y son algo que a menudo están dispuestos a probar. Si el término "juego" confunde a las personas en su situación y contexto, no dudes en utilizar "gamificación" o utiliza otro término que funcione para ti.

El juego de autoevaluación ágil explorado en este libro no pretende ser un juego en el sentido estricto de la palabra donde la gente tiene que jugar "según las reglas" y donde hay ganadores y perdedores. En realidad, con la mayoría de las sugerencias de juego descritas en este libro, todos ganan el juego si comparten y colaboran. No hay perdedores :-).

 Donde muchos juegos tienen ganadores y perdedores, prefiero jugar juegos de tal manera que la gente nunca sienta que ha "perdido el juego". Para mí, ganar no es el objetivo principal para que la gente juegue, es compartir, aprender e iniciar el cambio al que quiero apuntar.

Los beneficios que he visto al usar la gamificación en las autoevaluaciones ágiles son:

- A la gente le gusta jugar, saca a relucir sus deseos naturales de socializar, expresarse y colaborar
- La gamificación proporciona una perspectiva y una cultura diferentes, lo que conduce a nuevos conocimientos valiosos
- Jugar con equipos estimula la colaboración y ayuda a construir relaciones
- La gamificación es una forma de visualizar lo que está sucediendo que ayuda a las personas a alinearse y decidir
- Puedes crear un entorno con gamificación donde las personas se sientan seguras para hablar y ser abiertas y honestas.

El juego de autoevaluación ágil es un enfoque lúdico para la reflexión y el aprendizaje. Es un juego de comportamiento que ayuda a iniciar y reforzar un cambio de comportamiento positivo por parte de las personas en las organizaciones.

Juega el Juego

El juego de autoevaluación ágil se juega con barajas de cartas de coaching desarrolladas específicamente para este juego. Las tarjetas contienen declaraciones que describen valores, principios y prácticas ágiles.

Ejemplos de tales declaraciones son:

- El equipo está comprometido y asume la responsabilidad de la entrega.
- Los impedimentos se plantean, registran y resuelven de manera oportuna
- La reunión diaria se centra en el trabajo continuo, el trabajo que debe hacerse y los impedimentos y no dura más de 15 minutos.

Impresiones de Tarjetas

Hay muchas formas de jugar con estas tarjetas. Este libro te proporciona Sugerencias de juego, juegos de muestra y técnicas de gamificación para el uso de las cartas en función de la situación y el objetivo que quieras alcanzar.

Puedes utilizar las sugerencias de juego de este libro para constituir equipos, evaluar el rendimiento o como ejercicios en tus retrospectivas ágiles.

El juego también se puede jugar en una reunión, noche de juegos o en un espacio abierto, en un retiro de coaching o en un campamento de coaches ágiles, o en cualquier otra ocasión en la que quieran aprender unos de otros y divertirse.

Conseguir las cartas

La baraja básica de Cartas de autoevaluación ágil tiene 52 cartas con declaraciones sobre la aplicación de principios y prácticas ágiles. Estas tarjetas se pueden descargar en formato PDF en mi tienda web de Juegos Ágiles, en español.

Los paquetes de expansión con tarjetas adicionales también están disponibles en la tienda web. Estos paquetes contienen tarjetas con declaraciones que cubren principios y prácticas específicos de métodos y marcos ágiles.

 Recomiendo encarecidamente utilizar uno o más de los paquetes de expansión al realizar autoevaluaciones en tu organización, según los métodos y marcos que la organización ha adoptado.

Actualmente, los siguientes paquetes de expansión están disponibles en español:

- Scrum
- DevOps
- Busines Agility
- Kanban

Las tarjetas de autoevaluación ágil están disponibles en varios idiomas:

- Agile Self-assessment Game - English
- Juego Autoevaluación Ágil - Spanish Edition
- Agilní sebehodnotící hra - Czech edition
- Gra Agile Self-Assessment - Polish edition
- Agile Zelfevaluatie Kaarten - Dutch edition

- Jeu de cartes d'autoévaluation Agile - French edition

 Apoya al desarrollador del juego y obtén Asistencia gratuita de por vida descargando tus juegos y paquetes de expansión directamente desde BenLinders.com.

El libro con tarjetas se publica a través de Leanpub. Los idiomas con paquetes específicos, actualmente disponibles son:

Agile Self-assessment Game - English edition: el libro (en inglés) con las principales tarjetas ágiles y paquetes de expansión para Scrum, Kanban, DevOps y Business Agility.

Juego Autoevaluación Ágil - Spanish edition: El libro (en español) con las principales tarjetas ágiles y paquetes de expansión para Scrum, Kanban, DevOps y Business Agility.

Agilní sebehodnotící hra - Czech edition: el libro (en inglés) con las principales tarjetas ágiles y paquetes de expansión en checo para Scrum, Kanban, DevOps y Business Agility.

Gra Agile Self-Assessment - Polish edition: el libro (en inglés) con las principales tarjetas ágiles y paquetes de expansión en polaco para Scrum, Kanban, DevOps y Business Agility.

Agile Zelfevaluatie Kaarten - Dutch edition: el libro (en inglés) con las principales tarjetas ágiles y paquetes de expansión en alemán para Scrum, Kanban, DevOps y Business Agility.

Jeu de cartes d'autoévaluation Agile - French edition: el libro (en inglés) con las tarjetas en francés.

Encuentra más información sobre los paquetes anteriores (libro y tarjetas) aquí.

Resumiendo: ¿Compraste el libro sin tarjetas o quieres ampliar tu juego actual con cartas en otro idioma? A continuación, te indico cómo puedes obtener las tarjetas para jugar los juegos descritos en este libro:

 Visita mi Tienda web de Juegos Ágiles para descargar mazos de cartas en tu idioma preferido o ampliar tu juego con paquetes de expansión.

o

 Registra tu libro y compra barajas de cartas con descuento en benlinders.com/agile-self-assessment-game!

El juego de autoevaluación ágil, las tarjetas y todos los paquetes de expansión tienen una licencia CC BY-NC-ND 3.0 License. Si quieres usar el juego comercialmente, por favor contacta a Ben Linders.

Realiza retrospectivas mediante evaluaciones

Las retrospectivas ágiles son una excelente manera para que los equipos inspeccionen y adapten su forma de trabajar. Los recomiendo encarecidamente, mi primer libro Obteniendo valor de las Retrospectivas ágiles y la Caja de Herramientas para Retrospectivas proporcionan muchos ejercicios que puedes utilizar para mantener el valor de tus retrospectivas.

Normalmente, las retrospectivas miran la iteración/sprint pasado para definir acciones para el siguiente. Esto las hace útiles para abordar problemas con los que los equipos están lidiando actualmente, pero menos adecuados para guiar el viaje ágil de los equipos y mantener su transformación ágil en el buen camino. Para eso, necesitas una herramienta que te indique dónde te encuentras y adónde ir a continuación. Aquí es donde encajan las autoevaluaciones ágiles.

 Puedes jugar el juego de autoevaluación ágil en tu retrospectiva para guiar tu viaje ágil y aumentar la agilidad.

Equipos que se han formado recientemente pueden usar el juego en sus retrospectivas; ellos pueden comprobar qué prácticas retomar en los próximos sprints.

También es adecuado para equipos experimentados donde los miembros del equipo ya están bien adaptados entre sí, para buscar nuevas mejoras para el trabajo en equipo.

Sugerencias de Juego

Si quieres ser más Ágil y Lean, mi recomendación es que evalúes con frecuencia cómo te está yendo jugando con el juego de auto-evaluación ágil.

Antes de poder jugar un juego, debes crear las cartas. En este capítulo se incluyen instrucciones detalladas para hacerlo.

Hay muchas formas diferentes de jugar el juego de autoevaluación ágil. Este capítulo te ofrece una variedad de sugerencias de juego.

 Puedes usar estas sugerencias para jugar o diseñar tu propio formato de juego.

¡Me encanta escuchar cómo jugaste al juego de autoevaluación ágil! No dudes en enviar un correo electrónico con la sugerencia de juego que usaste y cómo te funcionó a benlinders@gmail.com.

Crea las Tarjetas

Las tarjetas del Juego de Autoevaluación Ágil se distribuyen en formato PDF. Hay 9 tarjetas en cada página A4 donde todas las tarjetas tienen el mismo tamaño (70 mm por 99 mm). Las cartas están igualmente espaciadas.

Para crear las cartas del juego, descarga el juego e imprime los archivos PDF. Dependiendo de su uso esperado y las posibilidades de tu impresora, puedes imprimir tarjetas en papel de fotocopiadora normal (80 g / m2), papel más pesado o papel fotográfico.

Puedes plastificar las tarjetas si tienes la intención de usarlas con frecuencia.

Ten en cuenta que las tarjetas están en formato "A4" y no en "Carta". Si deseas utilizar papel en tamaño carta, mi sugerencia sería escalar la página A4 manteniendo iguales las proporciones de alto y ancho o la relación de aspecto. Luego, retira el margen adicional antes de cortar las tarjetas para que tengan el mismo tamaño.

Para cortar las tarjetas puedes usar una cortadora de papel. Se necesitan 4 cortes para cortar una hoja de papel con tarjetas en 9 tarjetas. Para saber dónde cortar, utiliza las medidas de tarjeta mencionadas anteriormente. No hay marcas de corte en el archivo PDF.

Si no tienes una cortadora de papel, puedes usar un cuchillo afilado y una regla. Ten cuidado y no tomes demasiadas hojas de papel en un solo corte.

Es posible utilizar papel de colores para distinguir los diferentes mazos de cartas del juego principal y los paquetes de expansión. Por ejemplo, puedes usar el blanco para las tarjetas ágiles principales, verde para las tarjetas Kanban, azul para Scrum, etc. Es por eso que las tarjetas están solo en blanco y negro (excepto para la marca de expansión), porque hace posible imprimirlas sobre papel de color.

Actualmente, las tarjetas solo están disponibles en formato PDF descargable. Aún no hay edición impresa.

 Si necesitas varios mazos físicos de cartas, comunícate conmigo para discutir las posibilidades.

Preselecciona las Tarjetas

El juego principal consta de 52 cartas, los paquetes de expansión varían en número de 26 a 52 cartas. En muchas situaciones, usar cartas del juego principal y uno o más paquetes de expansión daría demasiadas cartas para jugar.

La solución es preseleccionar cartas y jugar con un subconjunto de cartas.

 Preseleccionar es una especie de priorización, aporta enfoque al juego.

Si ya conoces uno o más temas que el equipo desea discutir, puedes usarlos para seleccionar tarjetas que sean relevantes.

 Asegúrate de seleccionar tarjetas que tengan diferentes puntos de vista sobre el tema, para apoyar discusiones en profundidad.

Alternativamente, puedes involucrar a uno o más miembros del equipo al preseleccionar tarjetas. La ventaja es que dará más aceptación por parte del equipo, ya que los miembros del equipo participaron desde el principio.

 Si es la primera vez que juegas con un equipo específico, y no hay un tema en el que enfocarte, entonces mi sugerencia es usar solo las 52 cartas del mazo Ágil principal.

A veces sucede que, mientras juegas una partida, el equipo no se relaciona con una carta específica o la considera irrelevante para ellos. A menudo tienen razón, por lo que normalmente es mejor ignorar esa carta y sacarla del juego.

 Hay muchas cartas, céntrate en las que ayudan al equipo a encontrar mejoras que tengan sentido para ellos.

 Si tiene dudas sobre cómo preseleccionar tarjetas o qué incluir o excluir, ¡no dudes en ponerte en contacto conmigo!

Formato de juego básico

La forma más básica de jugar un juego con las cartas es hacer que los miembros del equipo se turnen con las cartas y discutan sobre ellas:

- El miembro del equipo elige una tarjeta y la lee en voz alta
- El equipo analiza para evaluar qué tan bien se hace:
    1. No hecho o hecho de manera inconsistente
    2. Se hace de forma constante, pero se puede aumentar el valor
    3. Realización constante, práctica valiosa para el equipo
- Coloca la tarjeta en la pila 1, 2 o 3 y el siguiente miembro del equipo elegirá la siguiente tarjeta
- Después de jugar algunas cartas, considera las cartas 1 y 2 para mejorar y decide qué hacer

Esta sugerencia está incluida en la última carta del juego. Es una manera fácil de comenzar con el juego y los equipos de soporte para discutir sus prácticas actuales y buscar mejoras.

Variantes del juego básico

Las variantes para jugar el juego básico son:

- En lugar de discutir una tarjeta, los miembros del equipo votan en una escala del 1 al 5 qué tan bien se hace una práctica mencionada en una tarjeta. El facilitador toma nota de las puntuaciones. Discute las tarjetas con muchos votos altos o bajos o donde hay una gran diferencia en los votos.
- Divide las tarjetas entre los miembros del equipo. Los miembros del equipo se turnan, cada turno un miembro del equipo elige solo una carta de su mazo de cartas que quiere discutir.
- Prioriza las tarjetas sobre qué tan bien se está haciendo la práctica con todo el equipo. Analiza solo las 3 cartas superior e inferior; prácticas bien implementadas y aquellas que necesitan mejoras. Cuando 52 cartas son demasiado, haz una preselección de cartas (15 o más) para priorizar.
- Usa tu imaginación para pensar en otra forma de jugar el juego...

Chequeo de salud

A veces, deseas saber qué tan ágil eres y explorar si la forma en que utilizas las prácticas ágiles sigue siendo efectiva. Con un chequeo de salud, puedes autoevaluar qué tan bien lo estás haciendo. Con el tiempo, los equipos pueden ver dónde y cómo han mejorado y decidir dónde concentrar su energía de mejora.

 Puedes hacer un chequeo de salud ágil usando las cartas del Juego de Autoevaluación Ágil con un gráfico de radar.

Para prepararse para un chequeo de salud, el equipo decide qué temas ágiles les gustaría autoevaluar. Mi sugerencia es acordar de 4 a 8 temas diferentes en una evaluación.

Preferiblemente esos temas están relacionados, por ejemplo, diferentes temas sobre trabajo en equipo, mejora continua o prácticas de Scrum. Si deseas tener una visión más amplia de cómo se están desempeñando los equipos, puedes elegir temas más disímiles.

Para cada tema, selecciona 5 cartas del juego ágil o de uno o más de los paquetes de expansión (Scrum, Kanban, DevOps, Business Agility). Si inicialmente tienes de 5 tarjetas, te sugiero mantener las que más difieren entre sí para que un tema tenga un alcance más amplio y estimule una visión diversa sobre el tema.

Crea un gráfico de radar con un eje para cada uno de los temas, utilizando una escala del 1 al 5:

1. no funciona
2. desempeño débil
3. rendimiento medio
4. buen desempeño
5. perfecto

Pega las 5 cartas en el exterior del gráfico de radar en los ejes para que todos puedan leerlas. Juntas, las tarjetas definen los temas y se pueden utilizar para guiar las discusiones. A continuación, escribe un encabezado para cada tema.

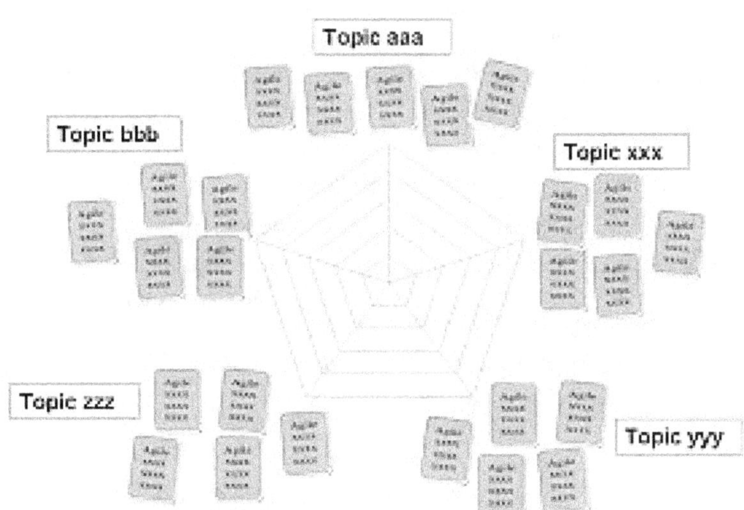

Chequeo de salud con radares

Cada miembro del equipo evalúa cómo cree que se está desempeñando el equipo en cada tema. Lo hace colocando un punto en el nivel del eje para ese tema.

 A menudo es interesante explorar las diferencias en la puntuación, por ejemplo, cuando una o unas pocas personas obtienen una puntuación diferente a la mayoría. El objetivo de las discusiones es crear un entendimiento compartido y alinearse donde sea necesario.

Después de completar el gráfico de radar, puedes decidir dónde te gustaría mejorar como equipo. Elige solo uno o dos temas y acuerda en equipo las pocas acciones vitales que lo ayudarán a aumentar su desempeño en ese tema. Hazlo específico y práctico.

También se puede realizar un juego de chequeo de salud con personas de varios equipos. Les ayudará a discutir cómo hacen las cosas, compartir experiencias y aprender unos de otros. No existe una forma correcta, incorrecta o mejor; solo buenas ideas.

Si deseas monitorear cómo mejoran tus equipos, los chequeos de salud pueden ser una herramienta muy poderosa. Puedes recopilar los puntajes por tema (mínimo, máximo y promedio) en una hoja de Excel o Google y observar la tendencia a lo largo del tiempo después de realizar un par de evaluaciones.

 Los datos de las verificaciones de estado nunca deben usarse para juzgar o recompensar a los equipos. Además, no intentes comparar o clasificar diferentes equipos utilizando los resultados de una verificación de estado (o cualquier otra autoevaluación).

Los equipos no serán honestos en sus puntajes si descubren que estás utilizando sus datos para tales fines, ¡hacerlo mata el espíritu de autoevaluación y mejora!

Invierte en Ágil

Puede resultar difícil para los equipos ágiles decidir qué harán para mejorar su forma de trabajar. A menudo hay múltiples problemas que les gusta resolver, y abordarlos todos al mismo tiempo no es factible ni efectivo. Como equipo, deben decidir dónde invertir en Ágil.

Esta sugerencia de juego puede ser utilizada por equipos que quieran ponerse de acuerdo sobre qué mejorar a continuación. Los equipos pueden pedirle a una o más de sus partes interesadas que se unan al juego para que puedan decidir juntos dónde y cómo invertirán para mejorar su agilidad.

El juego comienza barajando las cartas y dividiendo las cartas entre los miembros del equipo.

En los turnos, cada miembro del equipo toma una carta de su mano en la que cree que el equipo necesita trabajar, la juega poniéndola en la mesa frente a todo el equipo y explica por qué cree que el equipo necesita hacer la práctica mencionada en la tarjeta.

Elige la tarjeta que creas que es más importante para el equipo en este momento, la que más ayudaría al equipo dado su desempeño en este momento.

Después de que los miembros del equipo hayan confirmado que lo entienden (no es necesario que estén de acuerdo), el siguiente miembro del equipo juega una carta y explica por qué es importante.

Cuando hay suficientes cartas sobre la mesa (normalmente después de 2-3 rondas o cuando tienes entre 15 y 20 cartas sobre la mesa), todo el equipo las mira y trata de agruparlas. Busca tarjetas que estén relacionadas con el mismo tema, tarjetas que probablemente necesiten acciones similares o involucren a las mismas personas.

Ahora cada miembro del equipo recibe una cantidad fija de monedas (entre 3-7, dependiendo de la cantidad de cartas) que representan la inversión que el equipo puede hacer para mejorar. Todos los miembros del equipo ponen sus monedas en el grupo o en una tarjeta específica en la que creen que el equipo debería trabajar. Si no tienes monedas, usa caramelos, ositos de goma, alfileres, etc. No cacahuetes por favor, ya conoces el dicho ;-).

 Está permitido e incluso se recomienda poner más monedas en la misma tarjeta o grupo, ya que eso ayuda al equipo a concentrarse.

Después de que todos los miembros del equipo hayan decidido dónde creen que debería invertir el equipo, echa un vistazo a los grupos y tarjetas que obtuvieron la mayor cantidad de monedas. Para esas tarjetas, recapitula el por qué y escríbelo junto con el texto de la tarjeta en una pizarra o voltereta, o en una computadora portátil usando la pantalla compartida con un proyector o una pantalla plana.

Ahora que está claro dónde quiere invertir el equipo, pueden discutir qué harán y cómo hacerlo. Decidir las acciones y anotarlas.

La retrospectiva del velero con el juego

Muchos equipos utilizan el ejercicio retrospectivo del velero para reflexionar sobre lo que les detiene y lo que les ayuda a alcanzar su objetivo, su isla bajo el sol. El juego de autoevaluación ágil puede ser jugado por equipos usando una metáfora similar de un velero.

Los equipos pueden jugar el juego en una retrospectiva de veleros cuando quieran explorar qué tan bien están realizando prácticas ágiles, o como prospectiva futura de veleros para establecer el rumbo de su viaje ágil.

 Esta sugerencia de juego también es adecuada para equipos que están familiarizados con el ejercicio retrospectivo de veleros y les gustaría hacerlo de una manera diferente.

Dibuja el velero como se describe en mi libro Obtener valor de las retrospectivas ágiles en una hoja grande de papel (rotafolio):

- Destino (una isla al sol) que representa la meta que tu equipo quiere alcanzar
- El viento, todas las cosas que nos ayudan a seguir adelante.
- El ancla, cosas que nos ralentizan
- Rocas, riesgos que pueden ocurrir durante el viaje hacia la isla.

Deja el papel en el medio de la mesa para que todos los miembros del equipo puedan verlo.

El facilitador explica la imagen y la metáfora al equipo. A continuación, las cartas se barajan y se dividen entre los miembros del equipo.

Por turnos, cada miembro del equipo toma una tarjeta y la coloca en el rotafolio en el lugar donde cree que pertenece. Si es una fortaleza del equipo, de las cosas que están haciendo bien, algo que ayude al equipo, entonces déjalo en el viento. Si es algo que el equipo no está haciendo bien, que está obstaculizando al equipo y ralentizándolo, entonces ponlo en el ancla. Algo que podría suponer un riesgo en el futuro se puede poner en las rocas.

Cuando se han jugado todas las cartas, el equipo mira la hoja y discute la situación en la que se encuentran. Pueden elegir una o más cartas del ancla para trabajar, donde pueden usar las fortalezas de las cartas al viento para abordarlo. O pueden decidir trabajar en uno de los riesgos seleccionando una tarjeta de entre las rocas.

 Escribe las acciones que surjan de las discusiones para que el equipo sepa qué se ha decidido y cómo seguir adelante.

Primero lo primero

Cuando comienzan con un nuevo producto o proyecto, hay muchas cosas que los equipos deben organizar para trabajar juntos. No se puede hacer todo al mismo tiempo, ayuda concentrarse y establecer lo primero para que los equipos puedan despegar.

Esta sugerencia de juego puede ser utilizada por equipos nuevos que quieran ponerse de acuerdo sobre qué hacer primero, o equipos existentes que reciben una nueva asignación y tienen que descubrir qué es lo más importante.

 Los equipos pueden pedir a sus partes interesadas que se unan al juego para que puedan decidir juntos y obtener su apoyo y compromiso cuando sea necesario.

El juego comienza barajando las cartas. A continuación, cada miembro del equipo recibe 2 cartas. No muestres las cartas a los otros jugadores. Las cartas restantes se colocan boca abajo en el medio como una pila.

El primer miembro del equipo toma la carta superior de la pila y la lee. No les digas a otros miembros del equipo lo que está en la tarjeta. Luego, puedes decidir conservarlo si crees que es importante. Opcionalmente, puedes tirar una de las dos cartas que ya tienes, ya que es menos importante.

Si el jugador piensa que es menos importante que las cartas que ya tiene, puede tirarla poniéndola boca arriba frente a la pila. Si no está segura o no quiere decidir todavía, entonces puede quedársela por ahora.

Al final de la ronda, un jugador tiene 2 o 3 cartas, dependiendo de si decidió quedarse con una carta extra o no.

El siguiente jugador puede tomar una carta de la parte superior de la pila (boca abajo, por lo que no sabe qué hay en la carta) o tomar la carta que está visible frente a la pila (que el otro jugador tiró). A continuación, decide conservarla o tirarla poniéndola encima de las cartas boca arriba frente a la pila.

Un jugador nunca debe tener más de 3 cartas en su mano. Si te sucede esto, debes decidir qué carta tirar antes de terminar tu turno.

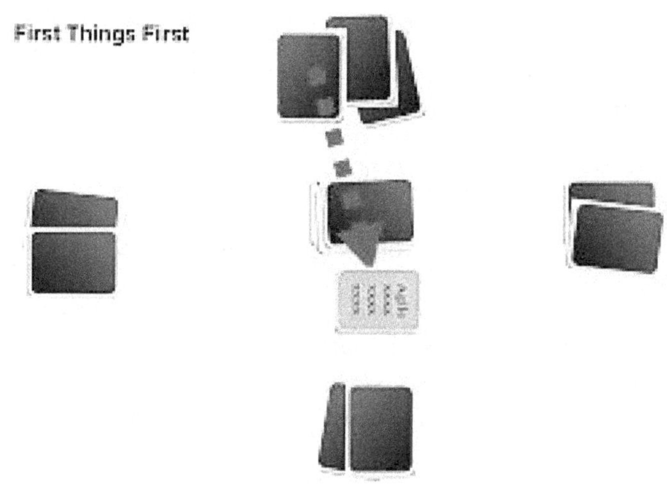

Primero lo primero

Después de un par de rondas, todos los jugadores deciden qué 2 cartas quieren quedarse. Si alguien tiene 3 cartas, entonces debe tirar una. A continuación, ponen sus tarjetas visibles frente a ellos y explican al equipo por qué se quedaron con estas tarjetas, por qué creen que son importantes.

A continuación, todas las tarjetas se ensamblan y todo el equipo las mira e intenta agruparlas. Busca tarjetas que estén relacionadas con el mismo tema, tarjetas que probablemente necesiten acciones similares o involucren a las mismas personas.

 Si todavía hay demasiadas cartas o grupos, entonces el equipo puede votar cuál quiere hacer primero y luego, o clasificar los grupos en orden de prioridad.

Ahora que está claro qué es lo que el equipo quiere hacer primero, pueden discutir qué harán y cómo hacerlo. Decidir las acciones y anotarlas.

Como variante, puedes introducir una ronda adicional después de 2-3 rondas en la que cada jugador elige a ciegas una carta de su vecino que se saca del juego (es imposible hacer lo mencionado en la tarjeta) o se coloca al final de la pila boca abajo (podría ser posible más adelante). O pueden hacer una ronda extra en la que cada jugador le da una de sus cartas a su vecino, que el vecino puede decidir guardar o tirar (se trata de confianza, esperando que los miembros de su equipo hagan lo correcto con su tarjeta).

Pensamiento profundo

 "Sí", dijo Deep Thought. "La vida, el universo y todo.
Hay una respuesta. Pero tendré que pensar en ello".
Douglas Adams, The Hitchhiker's Guide to the Galaxy

Para este juego, asume que es un equipo que quiere ponerse de acuerdo sobre lo que se necesita para comenzar con Ágil. Antes de emprender su viaje ágil, los miembros de su equipo quieren tiempo para pensar y encontrar la respuesta a la pregunta fundamental de lo ágil (y la vida, el universo y todo):

> ¿Qué es lo que más se necesita ahora para trabajar de forma ágil en equipo?

El juego comienza barajando las cartas. A continuación, las cartas se dividen en cuatro pilas de igual tamaño. Las pilas se colocan boca abajo en la mesa en el medio, donde todos los jugadores pueden acceder a ellas.

El primer jugador elige una de las cuatro pilas, mira las cartas y toma dos cartas que cree que son las más importantes para que el equipo trabaje de forma ágil. No les digas a otros jugadores qué cartas tomaste. Luego, el jugador vuelve a colocar la pila boca abajo.

En el sentido de las agujas del reloj, el siguiente jugador toma una pila y selecciona dos cartas. Esto continúa hasta el último jugador, que tiene dos turnos: puede elegir dos veces dos cartas. Puede ser de diferentes pilas o dos cartas de la misma pila.

Ahora regresa en sentido contrario a las manecillas del reloj al jugador anterior que toma dos cartas de una de las pilas. Continúa hasta llegar al primer jugador, ahora todos tienen cuatro cartas.

Las cuatro pilas son una especie de gamificación; simulan que en realidad nunca se puede supervisar o saber todo. Habrá cosas en las otras pilas a las que no puede acceder (pero otros jugadores pueden elegir esa pila).

Ahora tómate tu tiempo para pensar en lo que realmente es lo más importante. Cada jugador mira las cartas que tiene para decidir cuál describe lo que más se necesita ahora para trabajar ágilmente como equipo.

Puedes clasificar tus cartas de mayor a menor importancia, comparar pares para decidir cuál es más importante; lo que funcione para ti.

Por favor, calla y deja que la gente piense.

Cuando todos lo hayan pensado, el primer jugador muestra su tarjeta y explica al equipo por qué cree que es lo más importante. Otros jugadores escuchan para entender, no se permite la discusión.

Cuando todos los jugadores hayan explicado sus cartas, estas se juntan. Todo el equipo las mira y juntos piensan en soluciones para llegar al enunciado mencionado en la tarjeta.

A continuación, analizan lo que harán y cómo hacerlo. Luego deciden las acciones y las anotan.

Como variante, puedes hacer una sola ronda donde cada jugador toma tres cartas de una pila. A continuación, los jugadores trabajan en parejas donde discuten sus cartas y luego escogen solo una carta de las seis que tienen juntas, siendo aquella en la que están de acuerdo la más importante para que el equipo trabaje de forma ágil. También pueden pensar en cómo hacerlo y proponerlo al equipo.

"La respuesta a la gran pregunta... de la vida, el universo y todo... es... cuarenta y dos", dijo Deep Thought, con infinita majestad y calma.
Douglas Adams, The Hitchhiker's Guide to the Galaxy

Concurso de mejores prácticas ágiles

Esta sugerencia de juego se puede utilizar para descubrir, recompensar y compartir prácticas ágiles efectivas en un equipo o entre varios equipos en una organización.

Para jugar a esta variante, necesitas cartas del juego ágil principal y si quieres de los paquetes de expansión, un dado, papeles en blanco (formato A4 o carta), rotuladores y bolígrafos para crear un mini-cartel y monedas para votar.

El primer paso para jugar esta variante es acordar el tema del concurso de prácticas ágiles para que la gente sepa qué tipo de prácticas buscar.

Ejemplos de temas son:

- Mejor práctica de Scrum
- Mejores prácticas técnicas
- Enfoque o ejercicio más eficaz para realizar en retrospectivas ágiles
- La mejor técnica para la integración continua o la entrega continua
- La mejor forma de colaborar en equipos o con las partes interesadas
- Prácticas de Scrum Master más útiles
- Mejor técnica de planificación o seguimiento
- ...

El facilitador del juego preseleccionará tarjetas que coincidan con el tema del contexto. Utiliza tarjetas del juego ágil principal y de uno o más de los paquetes de expansión (Scrum, Kanban, DevOps, Business Agility, etc.).

Como mínimo, debería haber el doble de cartas que jugadores. Como máximo, apostaría por tres veces más, para evitar que los jugadores pierdan demasiado tiempo pasando por muchas cartas.

Una "mejor práctica ágil" es algo que hace el equipo. Puede provenir del equipo actual o de equipos en los que los jugadores trabajaron anteriormente.

La mejor práctica también puede ser una idea que alguien quiera probar y experimentar en el equipo.

Al comienzo del juego, todas las cartas se colocan visiblemente sobre la mesa. Por turnos, cada jugador lanza los dados. El jugador con la puntuación más alta comienza eligiendo una carta de las cartas que están visibles en la mesa, lo que le recuerda la mejor práctica ágil y explica brevemente la práctica a los demás jugadores. Luego, el jugador pone la tarjeta frente a él.

Los jugadores restantes tirarán los dados, nuevamente quien tenga la puntuación más alta selecciona una carta y explica su mejor práctica ágil. Esto continúa hasta que todos los jugadores hayan seleccionado una carta.

Cada jugador crea ahora un mini póster que explica su mejor práctica ágil relacionada con la carta que eligió. En su póster pueden explicar cómo se realiza la práctica, los beneficios que obtuvieron al hacer la práctica, las cosas que aprendieron y cualquier otra cosa que ayude a convencer y vender a los otros jugadores que es la mejor práctica ágil.

A continuación, todos presentan su mini póster e intentan vender sus mejores prácticas a los demás jugadores.

 Mi sugerencia es marcar el tiempo de las presentaciones con un cronómetro, por ejemplo, dar 1 minuto a cada jugador. Debe ser un discurso de ascensor, breve y enfocado.

Una vez que todos los jugadores han presentado su mejor práctica, los jugadores votan por la mejor práctica ágil. Cada jugador tiene tres votos (monedas, caramelos, ositos de goma, etc.), pueden dar un máximo de un voto a su propia práctica. El ganador es aquel cuya práctica recibe más votos.

Cuando juegas este juego con varios equipos, los equipos pueden compartir su mejor práctica ágil después de jugar dentro de su equipo. El juego puede detenerse allí como una práctica compartida entre equipos, o puede agregar otra ronda de votación para llegar al top 3 o al top 5 de las mejores prácticas ágiles para toda la organización.

Concurso de las peores prácticas ágiles

Una alternativa al concurso de mejores prácticas ágiles descrito en la sección anterior es hacer un "concurso de las peores prácticas ágiles" donde la gente compartirá sus mayores fracasos.

Puedes preseleccionar cartas para enfocar el tema del concurso o puedes usar las 52 cartas del mazo ágil principal para tener un concurso amplio donde se pueda mencionar cualquier práctica ágil donde el equipo falló.

El objetivo del concurso de la peor de práctica ágil es celebrar el fracaso y aprender de él. El minipóster se puede utilizar para explicar la falla, visualizar el impacto y, cuando sea posible, profundizar en las causas fundamentales.

Los jugadores deben sentirse psicológicamente seguros para mencionar las peores prácticas. Cuando no estés convencido de si existe esa seguridad, te aconsejo usar otra de las sugerencias de juego que explico en el libro.

Después de presentar las fallas, los jugadores votan para seleccionar un problema en el que les gustaría trabajar y evitar que vuelva a suceder en el futuro.

Dibuja tu viaje ágil

Ágil no es un destino, es un viaje de cuestionamiento, exploración e intercambio de ideas para descubrir mejores formas de desarrollar software. Una excelente manera de comenzar este viaje es esbozar un backlog de trabajo pendiente inicial.

 Esta sugerencia de juego combina la discusión con la visualización, que es una forma de comunicación muy eficaz en un equipo ágil.

Cuando lo ágil es relativamente nuevo para tu organización, te sugiero que juegues este juego con las 52 cartas del juego básico. Juntas, estas tarjetas cubren todos los valores y principios ágiles; te proporcionarán ideas suficientes y valiosas para embarcarte en tu viaje ágil.

 Si hay un área de práctica ágil específica en la que deseas enfocar tu mejora, puedes preseleccionar cartas del mazo ágil principal y paquetes de expansión que cubren esa área.

Trata de tener de 30 a 50 tarjetas para que el equipo pueda supervisarlas y decidir cuáles utilizar en su viaje.

El juego comienza poniendo las cartas (preseleccionadas) boca arriba sobre la mesa. Todo el equipo mira las cartas y discute cuáles son los temas más valiosos que deben mejorarse para el próximo período de tiempo. De las tarjetas disponibles, seleccionan las tarjetas con los temas en los que quieren trabajar en equipo.

 Es mejor concentrarse en lo más importante. Mi sugerencia es elegir un máximo de 10 cartas.

Las cartas que no se seleccionan se sacan del juego y se pueden guardar en una pila.

Después de seleccionar las cartas, el equipo las clasifica en orden de prioridad de qué hacer primero y qué hacer a continuación. Juntos deciden qué es lo más importante ahora y qué se puede hacer más adelante, pero aún es necesario comenzar su ejecución.

Ahora, el equipo crea una acumulación inicial de elementos de mejora que están relacionados con las tarjetas seleccionadas, comenzando con la tarjeta más valiosa. Esto se hace pegando las tarjetas en una hoja (en orden de prioridad).

Junto a cada tarjeta, el equipo comparte ideas sobre cómo mejorar el tema relacionado al esbozar algunos deseos iniciales o incluso tareas concretas que se pueden llevar a cabo (por ejemplo, mediante notas adhesivas).

Cuando se ha explorado la última tarjeta, los miembros del equipo reflexionan sobre la acumulación para decidir si están todos en la misma página con respecto al resultado.

 Es importante comprobar si todos están comprometidos con el inicio del viaje ágil que acaban de explorar y visualizar.

Durante el juego o después de terminar el trabajo pendiente, el equipo podría considerar cambiar el orden de los elementos del trabajo pendiente si ve la necesidad de hacerlo.

Y, por supuesto, pueden (y probablemente lo harán) cambiar las prioridades una vez que estén ejecutando el trabajo pendiente y recorriendo su viaje ágil, en función de cómo lo estén haciendo.

 Como facilitador, debes mantenerte alerta si el equipo está progresando y no se queda en silencio o se atasca en largas discusiones. Entrena al equipo para evitar que se desvíen demasiado del proceso y pierdan la concentración.

Al jugar con varios equipos, los equipos pueden presentar su backlog de viaje ágil a otros equipos y explicar las acciones que tomarán y sus expectativas de los resultados.

 La sugerencia de juego Dibuja tu viaje ágil fue creada por Berry Kersten. Berry y yo lo jugamos por primera vez en el Amsterdam Agile Showcase 2018.

Aprende compartiendo desafíos

El formato de juego de desafíos compartidos permite el aprendizaje interorganizacional, por ejemplo, entre profesionales de diferentes departamentos, múltiples equipos de un proyecto o producto, gerentes que están repartidos por toda la organización o cualquier combinación de estos.

Este formato de juego permite explorar los principales desafíos que tienen los profesionales y en los que les gustaría trabajar e identificar las soluciones existentes a los desafíos que enfrentaron y resolvieron anteriormente.

Desafíos para compartir

Para utilizar esta sugerencia de juego, coloca todas las cartas boca arriba sobre la mesa. A continuación, pide a los jugadores que coloquen tarjetas en una hoja con dos círculos grandes: uno para los desafíos que enfrentan actualmente y otro para los desafíos que lograron resolver.

Cada jugador puede elegir una carta y ponerla en el círculo donde le quede, dependiendo de si es algo con lo que están lidiando en este momento o algo que resolvieron.

Lo que sucederá a continuación es que los jugadores querrán mover las cartas al área superpuesta, por ejemplo, cuando se enfrentan a un problema por el que un jugador anterior puso una carta en "desafíos que resolvimos" o cuando resolvieron un desafío que otro jugador está enfrentando y puso en "desafíos que tenemos".

Solo se permite mover cartas de uno de los círculos al área superpuesta, no intercambiar entre los círculos (eso probablemente desencadenaría discusiones que no tienen ningún valor en ellos).

El área superpuesta es donde están las cosas interesantes. Son los desafíos que enfrentan los jugadores donde hay soluciones en la mesa de otros jugadores. ¡Aquí es donde los jugadores pueden compartir y aprender unos de otros!

También puede haber desafíos importantes en el círculo de "desafíos que tenemos" donde los jugadores pueden unirse y trabajar juntos para resolverlos a nivel organizacional. Ese sería un enfoque más eficaz y eficiente para aumentar la agilidad de toda la organización sobre cada equipo que trabaja de forma aislada en sus propios desafíos.

Como hay muchas cartas (197 en todos los mazos juntos), es posible que desees hacer una preselección y jugar con un juego más pequeño. Luego, puedes tener todas las tarjetas visibles desde el principio para que las discusiones comiencen temprano.

Las posibles formas de preseleccionar son por tema o foco (por ejemplo, solo tarjetas relacionadas con el trabajo en equipo, la cultura o un área de práctica específica como la entrega continua, cómo hacemos Scrum, etc.) o solo insertando una tarjeta donde hay tarjetas superpuestas (una tarjeta sobre retrospectivas, otra sobre impedimentos de manipulación, etc.).

Este no es un juego en el sentido estricto de que haya ganadores o perdedores; de hecho, todos ganan si comparten y colaboran. Es

una gamificación donde los principios y prácticas de los juegos
se utilizan en un contexto que no es de juego, en este caso, un
contexto empresarial. Lo que hace que sea algo divertido y valioso
para dedicarle un tiempo :-).

Prospectiva del velero

Los equipos pueden jugar el juego de autoevaluación ágil como una prospectiva del velero para encontrar formas de alcanzar sus objetivos antes de despegar. Las prospectivas ayudan a los equipos a alcanzar sus metas, poniéndose en el futuro y explorando cómo llegaron allí pueden discutir y decidir sobre diferentes estrategias, oportunidades, riesgos y enfoques.

El facilitador dibuja el velero en una hoja grande de papel (rotafolio) y explica la metáfora que se utilizará:

- Destino (una isla al sol) que representa la meta que los jugadores quieren alcanzar
- El viento, todas las cosas que nos ayudan a seguir adelante.
- El ancla, cosas que nos ralentizan
- Rocas, riesgos que pueden ocurrir durante el viaje hacia la isla.

Coloca el papel en el medio de la mesa para que todos los jugadores lo vean. Baraja las cartas y divídelas entre los jugadores.

El facilitador les pide a los jugadores que se pongan en el futuro e imaginen que son un equipo increíble donde las personas trabajaron juntas para entregar excelentes productos. Cada jugador mira las cartas que tienen para imaginar lo que hicieron para convertirse en un gran equipo.

Por turnos, cada jugador toma una carta de su mano y la coloca en la tabla.

Si es algo que tu equipo imaginario hace bien, algo que los ayuda, entonces ponlo en el viento. Si es algo que no va bien, obstaculizando al equipo y ralentizándolo, entonces ponlo en el ancla. Algo que ha supuesto un riesgo se puede poner en las rocas.

Después de una primera ronda, los jugadores explican su tarjeta y las discuten. Comparten experiencias, qué les ha funcionado y qué no, y por qué.

Luego hacen una siguiente ronda, hasta que se hayan jugado todas las cartas o se haya alcanzado un límite de tiempo predefinido.

Cuando se juegan todas las cartas, el equipo vuelve del futuro. A continuación, los jugadores discuten lo que pueden hacer para convertirse en un equipo increíble y cómo enfrentar los desafíos en su viaje. Acuerdan lo que harán hoy para comenzar su viaje para convertirse en un gran equipo y anotan las acciones que tomarán.

Abogado del ángel

El abogado del ángel es una técnica para estimular el pensamiento creativo y positivo y proponer nuevas ideas.

Utiliza esta técnica pidiéndole a la gente que tenga una idea. Luego, los jugadores reaccionan diciendo lo que les gusta de la idea, cómo mejorarla y desarrollarla, qué beneficios ven y cómo puede crear valor.

Esto motiva al remitente de la idea y anima al grupo a proponer ideas más positivas. Los miembros del grupo se comprometen y se estimularán mutuamente para pensar creativamente.

Algunos llamarían a esto "pensar fuera de la caja", pero en realidad no hay cajas :-).

Todas las ideas se recopilan durante la sesión, por ejemplo, en un rotafolio. Al final, el grupo puede elegir los que sean más prometedores y decidir cuándo y cómo implementarlos.

¡No se permiten comentarios críticos durante la sesión!

Puedes jugar el juego de autoevaluación ágil usando la sugerencia del abogado del ángel para explorar tu viaje ágil hasta ahora y continuar tus viajes. Las cartas de este juego se pueden utilizar para generar ideas positivas en las que el equipo trabaja en conjunto para mejorarlas.

Por ejemplo, suponiendo que alguien juegue la siguiente carta del juego:

> El equipo no depende de la dirección para establecer y cumplir sus objetivos

Los miembros del equipo pueden basarse en esto diciendo:

> Sabemos lo que realmente necesitan nuestros clientes
>
> Sí, y podemos preguntarles qué les gustaría tener a continuación.
>
> Y también podemos preguntarles cómo lo usarían y qué valor les aportaría
>
> De hecho, tenemos datos que nos dicen qué funciones están usando nuestros clientes
>
> Y sabemos cómo desarrollar y probar nuevas funciones
>
> ¡Guau, juntos realmente podemos ofrecer valor si usamos todas las cosas que ya tenemos y sabemos como equipo y trabajamos juntos!

Puedes decir que el abogado del ángel parece una sesión de lluvia de ideas, pero hay una gran diferencia. En una lluvia de ideas, los miembros del grupo no expresan ninguna opinión sobre las ideas, ni negativa ni positiva.

El papel de los abogados del ángel es reaccionar explícitamente de manera positiva a las ideas, recompensando así al remitente por su contribución.

Es posible que también conozcas al abogado del diablo. Jugar este papel estimula una discusión en la que desafiamos ideas para mejorarlas.

Puede haber un lugar y un momento para ser críticos y ser el abogado del diablo, pero necesitamos un pensamiento más positivo y más abogados del ángel.

Esta técnica y los métodos relacionados basados en la psicología positiva como la Indagación Apreciativa y Solution Focus (en holandés: Oplossingsgericht Werken) pueden ayudarte a generar grandes ideas y ofrecer valor creativo.

Dos verdades y una mentira

Este formato de juego para el juego de autoevaluación ágil se basa en el clásico rompehielos de dos verdades y una mentira. Por lo general, funciona mejor en equipos nuevos para que las personas se conozcan entre sí.

En algunos casos también se puede jugar en equipos existentes para aprender en lo que la gente cree y considera importante o no importante en su trabajo diario.

En este formato de juego, la gente dice dos verdades y una mentira. El objetivo del juego es descubrir la mentira y aprender unos a otros y escuchar cosas en las que la gente cree o no.

La configuración de este juego es sentarse en círculo. Puedes usar sillas o las personas pueden sentarse en el suelo si se sienten lo suficientemente cómodos para ello. Es útil tener una mesa cerca y, por ejemplo, usar una bandeja donde coloques las tarjetas. Alternativamente, pueden sentarse alrededor de una mesa, pero luego perderá parte de la comunicación no verbal que se esconde detrás de la mesa.

El facilitador explica cómo se jugará el juego y que el objetivo es aprender unos de otros.

Si los jugadores aún no se conocen, pueden presentarse brevemente.

El juego comienza barajando las cartas. A continuación, las cartas se dividen en cuatro pilas de igual tamaño. Las pilas se colocan boca abajo en la mesa o bandeja donde todos los jugadores pueden acceder a ellas.

El primer jugador elige una de las cuatro pilas, mira las cartas y toma dos cartas que él cree que son principios o prácticas ágiles en las que cree firmemente y que hace él mismo; cosas que es importante que todo el equipo sepa. No muestra las cartas. Luego, el siguiente jugador elige una pila y selecciona dos cartas.

Después de que todos los jugadores han elegido dos cartas con cosas en las que creen y hacen en su trabajo diario, hacen otra ronda, pero ahora cada jugador elige una carta que los hace pensar en lo que no creen, algo que generalmente no hacen o preferirían no hacer.

Después de que todos los jugadores hayan seleccionado las tarjetas y se hayan tomado el tiempo para preparar sus declaraciones, recorre el círculo donde cada jugador usa sus tarjetas para decir dos verdades y una mentira.

Ahora les toca a los jugadores adivinar las falsas, las mentiras. Pueden hacer una votación o todos pueden decir por cada persona qué afirmación creen que es la mentira.

 Recuerda, no es una competencia sobre quién encuentra más mentiras. Puede ser divertido descubrir una mentira o no encontrar una del todo y realmente aprender algo sobre alguien.

Pongamos un ejemplo. Después de revisar las cartas y elegir dos cartas en las que creo y una sobre la que tengo serias dudas, podría decir:

> Es importante mantener un ritmo constante en nuestro equipo para evitar sobrecargarnos

> Creo que tenemos que involucrar a todos cuando planeamos nuestro sprint

> Las retrospectivas son el principal motor para reflexionar, aprender y mejorar

Las personas que me conocen saben que la última declaración es algo en lo que realmente creo y hago, así que es fácil. Pero ¿qué pasa con la primera y la segunda? ¿Cuál es verdad y cuál es mentira?

Déjame ayudarte. Para mí, la segunda afirmación es mentira. No creo que sea factible ni efectivo involucrar siempre a todos en cada sesión de planificación. Claro, es bueno tener diferentes puntos de vista y dar voz a las personas aumenta su participación y, por lo tanto, los hace más comprometidos con el resultado. Pero involucrar a todos en todo simplemente no funciona; esa es mi creencia.

¡Ahora aprendiste algo sobre mí que no sabías antes! Puedes estar de acuerdo o en desacuerdo. Ten una opinión fuerte tú mismo. Está bien, pero recuerda que el objetivo de este juego es aprender unos de otros, no a juzgar.

 Si descubres durante el juego que una de las mentiras (o una verdad) es importante y necesitaría una alineación para todo el equipo, entonces puedes decidir discutirla. Sin embargo, no hagas esto antes de que todos los jugadores hayan presentado sus declaraciones y se hayan adivinado todas las mentiras.

Dos verdades y una mentira es un juego divertido, hacerlo con las tarjetas de autoevaluación ágil puede ayudar a los equipos a descubrir cómo se sienten realmente las personas acerca de la mentalidad, los principios y las prácticas ágiles.

 No hay algo correcto o incorrecto, trabajar juntos en un equipo se trata de personas que tienen sus propias creencias, y eso está bien.

Más ideas para jugar el juego

Las nuevas ideas y formatos de juego para el juego de autoevaluación ágil surgen de diversas formas. A veces se me ocurre algo nuevo cuando estoy preparando un taller para un cliente. O se me ocurre una idea para jugar con las cartas al dar un taller público o asistir a un open space o desconferencia.

Esta sección contiene ideas y pensamientos que aún no se han convertido en una sugerencia de juego completa. Úsalos como inspiración, siéntete libre de tomarlos y experimentar.

Si los pruebas, sería genial si compartieras tus experiencias conmigo y con los lectores de este libro. ¡Comunícate conmigo!

Toma de decisiones por consentimiento de Sociocracia

En 2017 asistí a un taller sobre Sociocracia 3.0 de James Priest. Una de las cosas que me llamó la atención fue la toma de decisiones por consentimiento como alternativa al consenso o decisiones democráticas.

He usado el consentimiento para ayudar a las personas a tomar decisiones y lo he encontrado muy efectivo. Es rápido, puede involucrar realmente a la gente e inspira a la gente a actuar.

Estoy pensando en crear una sugerencia de juego en la que las personas elegirían cartas con las que les gustaría experimentar y luego usarían el consentimiento para decidir en equipo hacerlo.

Mi sugerencia es usar "lo suficientemente bueno por ahora, lo suficientemente seguro para probar" de Sociocracia 3.0 como una idea guía para probar cosas nuevas y acordar una sola cosa que el equipo haría a continuación.

1-2-4-todos de Estructuras Liberadoras

La estructura 1-2-4-todos propone un formato en el que las ideas que se le ocurren a la gente se discuten en parejas, luego en grupos de cuatro y finalmente en grupo.

En varios espacios abiertos, experimenté cómo un ejercicio 1-2-4-todos de Estructuras Liberadoras ayuda a involucrar a las personas, generar nuevas ideas y alinear su pensamiento para llegar a algo procesable que tenga aceptación.

La idea sería ofrecer tarjetas del Juego de autoevaluación ágil y hacer que las personas elijan una tarjeta con la que les gustaría trabajar. A continuación, haga el 1-2-4-todos y vea qué sale al final.

Explora fortalezas

¿Y si pudiéramos usar las tarjetas para identificar las fortalezas individuales o de equipo? ¿Recompensar a las personas por las grandes cosas que hacen? ¿Reconocer el comportamiento que ayuda al equipo y crear las condiciones para que suceda más?

Soy un gran admirador de los enfoques positivos como la Indagación Apreciativa, el Abogado del Ángel y Solution Focus. No necesitamos fallar para aprender, también podemos mejorar si exploramos las cosas que van bien.

Este formato de juego podría ser algo similar al ejercicio retrospectivo Explorando fortalezas con cualidades centrales donde se pide a los miembros del equipo que identifiquen las cualidades o fortalezas que han reconocido en uno o más miembros de su equipo.

Durante el juego, las personas podrían plantear un desafío importante y luego explorar cómo se puede resolver utilizando las fortalezas que identificaron.

Historias de Experiencias

Este capítulo proporciona historias de experiencias mías y de otras personas que jugaron el juego.

Su propósito es inspirarte y compartir cómo se juega el juego, y aprender qué puede hacer el juego para ti y tus equipos.

Jugando el juego de autoevaluación ágil en XP Days 2016

Yo (Ben Linders) jugué el juego de autoevaluación ágil en XP Days Benelux 2016 con tres equipos. Esta fue la primera aparición pública del juego.

Empecé explicando el juego y luego los equipos empezaron a jugarlo. Tenían múltiples ejercicios entre los que podían elegir, pero todos los equipos decidieron jugar el ejercicio del "equipo nuevo", que es una especie de prospectiva o prospectiva de futuro.

El objetivo del ejercicio del equipo nuevo es ayudar a los equipos a decidir sobre las pocas cosas vitales que necesitan configurar antes o durante su primera iteración para comenzar:

> Haces parte de un equipo nuevo que se prepara para una primera iteración. Hay que arreglar las cosas y hay que decidir cómo trabajar juntos, pero hay mucho por hacer. Deben ponerse de acuerdo sobre qué hacer ahora para convertirse rápidamente en un equipo productivo y ágil capaz de cumplir.

Fue genial ver a los equipos jugar el juego. Tuvieron animadas discusiones sobre las tarjetas, a veces para su sorpresa, ya que los miembros del equipo esperaban que muchas cosas fueran obvias. Bueno, a menudo no lo es.

Para dar un ejemplo: Un equipo discutió la tarjeta que mencionaba: "Hay una prueba automatizada de compilación y regresión". Algunos de los miembros del equipo, particularmente los que son desarrolladores, argumentaron que esto es algo que seguramente debe hacerse en la primera iteración. Otros miembros del equipo dudaron de si es realmente tan importante y si realmente puedes hacerlo en un par de semanas. "Claro, no hay problema" fue la respuesta que recibieron. Al final, algunos equipos decidieron que lo harían en la primera iteración, otros no.

Por supuesto, no hay una respuesta correcta, depende mucho del contexto en el que se encuentre el equipo. Algunos equipos profundizaron y discutieron cuándo lo necesitarían y para cuándo podían posponerlo. En la evaluación al final del juego, varias personas mencionaron lo valiosas que han sido estas discusiones. ¿No es genial escuchar eso?

Revisión del juego en XP Days, imagen de Ahmad Atwi

Otro comentario que recibí fue que el juego ayuda a los equipos a intercambiar ideas sobre su forma de trabajar. Las tarjetas desencadenan discusiones fructíferas que brindan perspectivas valiosas.

Los miembros del equipo también aprenden unos de otros en el juego y descubren cómo se sienten sus colegas sobre determinadas prácticas. Un asistente dijo que fue agradable experimentar que priorizar no siempre es fácil, logró comprender lo que siente su dueño de producto cuando el equipo quiere saber qué hacer primero.

Les pedí a los equipos que también anotaran sugerencias de mejora para el juego, lo cual hicieron. Así que no solo los asistentes aprendieron cosas en mi sesión, yo también aprendí cosas. Esta es una de las razones por las que me gusta tanto la conferencia XP Days Benelux, ¡pides retroalimentación y la recibes!

Ayuda a mejorar a los equipos ágiles y equipos Scrum

Andreas Schliep, socio ejecutivo de DasScrumTeam AG, compartió sus experiencias jugando a este juego en Autoevaluación ágil de Ben Linders. Esto es lo que escribió en LinkedIn Pulse, ampliado con algunos detalles más de nuestra discusión sobre sus aprendizajes.

Los equipos Scrum y los equipos ágiles quieren mejorar. Al principio, la mejora es realmente fácil de identificar y difícil de lograr. Los primeros pasos para cambiar la configuración de un equipo existente a un marco adecuado para el trabajo ágil probablemente sean bien conocidos. Sí, es difícil. Sí, lleva tiempo. Y después de un tiempo, la mayoría de los equipos tienen un Dueño de Producto adecuado, consiguen un apoyo administrativo decente y pueden organizar su trabajo ellos mismos.

Las cosas se ponen más difíciles una vez que los equipos han alcanzado cierto nivel básico. En lugar de plantear los mismos deseos difusos hacia la organización, los equipos podrían intentar un enfoque diferente. Aquí es donde el juego de autoevaluación ágil de Ben Linders entra en juego.

La jugabilidad puede variar, pero principalmente la discusión gira en torno a tres puntos principales:

- ¿Qué prácticas ágiles son importantes para nuestro equipo?
- ¿Qué tan buenos somos para cumplirlos?
- ¿Cómo podemos mejorar?

Jugué este juego con un equipo de desarrollo de software recientemente. Usamos una variación del juego que surgió como resultado de la sesión de Open Space de Ben sobre el juego en la reunión de facilitadores de retrospectivas.

Después de distribuir las cartas de manera uniforme, los miembros del equipo seleccionaron una carta muy importante de su mano. Luego, clasificamos estas tarjetas utilizando un método creado por miembros de una capacitación previa de Scrum Master, Backlog Ranking.

 Al final resultó que, el método fue extremadamente útil para discutir prácticas y oportunidades de mejora.

Posteriormente, los miembros del equipo evaluaron el cumplimiento de estos puntos. Establecimos una puntuación del 0 % al 100 % y el equipo cambió las cartas sobre la mesa de acuerdo con esa puntuación.

No discutimos todo en detalle, pero obtuvimos información valiosa durante este ejercicio. Sobre la base de estos conocimientos, el equipo decidió tomar medidas.

Por ejemplo, acordaron cambiar la precisión de la estimación por velocidad para permitir pronósticos de entrega a más largo plazo e invertir en aprendizaje mutuo y mejoras en la base de código.

 Realmente recomiendo el juego de autoevaluación para Scrum Masters o Equipos Ágiles como una forma de facilitar y enfocar la discusión sobre posibles mejoras. En un siguiente paso, el equipo puede descubrir cómo mejorar en las áreas identificadas por su cuenta, o dónde podría utilizar la ayuda de un coach ágil o técnico.

Ideas para jugar el juego de autoevaluación ágil

Yo (Ben Linders) jugué el juego de autoevaluación ágil con dos equipos en una sesión en el Retrospectives Facilitators Gathering 2017 y discutí el juego con varios asistentes. A continuación muestro las ideas que surgieron para jugar el juego y mejorarlo.

Una primera sugerencia que surgió fue usar los Círculos y la Sopa de Diana Larsen como un campo de juego. Los jugadores pueden poner una carta en uno de los círculos "controles del equipo", "influencias del equipo" o "sopa", dependiendo de cómo sientan que un equipo puede hacer frente o no a la práctica mencionada en la carta.

Una dimensión que se basa en eso es el uso de una matriz de círculos y sopa y la autoevaluación de qué tan bien están funcionando las prácticas.

Un equipo jugó este formato en el que los asistentes autoevaluaron un equipo con el que estaban trabajando, seleccionando tarjetas de práctica y poniéndolas en esta matriz. Esto desencadenó varias discusiones, como por qué sentían que mejorar una práctica estaba dentro o fuera del control del equipo, qué se podía hacer para ganar influencia o control y qué se podía hacer para mejorar la práctica.

Otra sugerencia que surgió (en realidad en ambos equipos) fue clasificar las cartas en función del valor esperado que pueden aportar a un equipo. Cuando puede resultar difícil estimar el valor de una práctica, los equipos suelen encontrar más fácil clasificar las prácticas en función del valor. La clasificación revela las prácticas más valiosas en las que los equipos pueden trabajar para mejorar su agilidad y ofrecer más valor.

Un equipo sugirió que el juego se jugara en paralelo por un equipo compuesto por ejecutivos y otro compuesto por practicantes, y luego combinar los resultados. Ver dónde están de acuerdo y dónde hay diferentes ideas puede conducir a discusiones útiles entre ellos.

Otra idea es hacer una especie de juego de póquer, donde los jugadores pueden guardar cartas o intercambiarlas con cartas en la pila o cartas que hayan sido jugadas por otros jugadores. Aportaría un elemento competitivo al juego, lo que podría fomentar debates valiosos.

Los equipos también pueden organizar las tarjetas de práctica en una matriz con las dos dimensiones "importancia" y "cumplimiento", y luego seleccionar tarjetas de las que tienen mayor importancia y bajo cumplimiento para trabajar.

En algunas situaciones, puede resultar más eficaz reducir las opciones y jugar con menos cartas. Las sugerencias que surgieron son elegir una idea central y seleccionar tarjetas que apoyen esa idea, enfocarse en un tema específico y seleccionar tarjetas relacionadas con eso, o hacer que el Scrum Master o el facilitador del juego preseleccione tarjetas según lo que el equipo necesite trabajar, como parte de la preparación del juego.

En Preselecciona las Tarjetas proporciono ideas sobre cómo seleccionar cartas del mazo ágil principal y los paquetes de expansión para crear enfoque y aumentar la efectividad.

Surgió la idea de incorporar Indagación Apreciativa al juego. Los jugadores levantan cartas con las prácticas que van bien en el equipo y luego piensan en cómo mejorar aún más o usar esas prácticas para resolver un problema con el que el equipo está lidiando.

Además de descubrir nuevas ideas para jugar, también busqué formas de mejorarlo. Esto es lo que surgió durante la semana.

Una sugerencia de mejora es numerar las tarjetas. Esto facilitará la exploración de similitudes y diferencias cuando el juego se juegue con varios equipos.

Otra mejora es la creación de tarjetas de doble cara, donde se puede colocar información adicional en el reverso de la tarjeta.

También se pueden usar preguntas poderosas para mejorar o extender el juego. Aunque el formato de las preguntas difiere del nivel de enunciado utilizado en el juego, aún se pueden utilizar para generar enunciados adicionales o perfeccionar los existentes.

Actualmente, existen tarjetas con declaraciones que se centran en los resultados, mientras que otras tarjetas mencionan prácticas. Ambas tienen valor, puede ser interesante clasificar las cartas y ver qué se cubre y dónde hay huecos.

 ¡Quiero agradecer a los asistentes del Encuentro de Facilitadores de Retrospectivas 2017 por jugar el juego y tener grandes ideas para mejorarlo!

Juega el juego de autoevaluación ágil en retrospectivas

Marijke Vandermaesen jugó el juego con su equipo en su retrospectiva ágil. Considera que "el juego de la autoevaluación es un buen formato para una retrospectiva". Estas son sus experiencias al jugar a este juego.

Hace unos sprints, yo (Marijke) facilité la retrospectiva de nuestro equipo Scrum usando el Juego de autoevaluación ágil como formato para guiar la retrospectiva. Para la preparación, imprimí las 52 tarjetas en papel, las corté en tarjetas separadas, configuré un sistema de votación en línea e hice un póster con las tres columnas (no terminado, terminado pero se puede mejorar, bien terminado).

Durante la retrospectiva, cada miembro del equipo (tenemos un equipo bastante grande de 8 desarrolladores, 3 representantes de clientes, líder técnico, coach ágil y gerente de equipo) eligió una tarjeta al azar. Coloqué algunos números en el reverso de las tarjetas para poder realizar un seguimiento de las tarjetas que se hicieron y votaron. Leyeron la tarjeta en voz alta para el grupo y cada miembro utilizó el sistema de votación para dar una puntuación en una escala de cinco puntos.

Después de la votación, los miembros que dieron votos diferentes a los votos medios, se explicaron y discutimos la tarjeta. Luego, cada tarjeta se colocó en el cartel en una de las columnas.

Después de un tiempo, evaluamos las tarjetas en las columnas para definir acciones inteligentes. Hasta aquí todo bien. Desafortunadamente, en el sprint anterior, tuvimos algunas escaladas debido a las frustraciones y la falta de confianza entre los diferentes equipos de nuestro proyecto. Esto resultó en una espiral descendente durante la retrospectiva y algunos miembros del equipo perdieron el apetito por las retrospectivas porque sintieron que los temas centrales del equipo no se estaban discutiendo ni manejando. Al final, solo pudimos definir una acción inteligente de las cartas y tuvimos que abandonar el resto para definir una segunda acción inteligente para despejar las frustraciones.

> Mi conclusión (de Marijke): el juego de autoevaluación es un buen formato para una retrospectiva cuando se está preparando. Se puede utilizar en equipos que recientemente comenzaron a verificar qué prácticas retomar en los próximos sprints, o con equipos experimentados que ya están bien adaptados entre sí para buscar nuevas mejoras para su trabajo en equipo.

Puede usar el juego en varios sprints uno tras otro para encontrar problemas para todas las tarjetas (no puede hacerlo en una sesión a menos que tenga una retrospectiva de día completo).

Sin embargo, si su equipo está experimentando algunos problemas o frustraciones estructurales, elimínelos antes de usar este juego.

Marijke Vandermaesen es analista funcional / proxy del cliente en Cegeka.

Autoevaluación de lo ágil que eres

 En una sesión de Espacio Abierto sobre autoevaluaciones ágiles organizada por la comunidad nlScrum, discutimos por qué las autoevaluaciones son importantes y cómo los equipos pueden autoevaluar su agilidad para mejorar en lo que hacen.

Hay muchas listas de verificación y herramientas para autoevaluaciones ágiles. Algunas de ellas se enfocan en cosas "difíciles" como prácticas ágiles, reuniones y roles, mientras que otras cubren los aspectos "suaves" como una mentalidad y valores ágiles, cultura y las condiciones para que la adopción ágil en las organizaciones sea exitosa.

En la reunión hablamos sobre autoevaluar la agilidad del equipo. Una conclusión fue que la mayoría de los asistentes tenían una fuerte preferencia por la evaluación basada en valores y mentalidades ágiles para explorar si sus equipos se están volviendo ágiles y cómo. Esta forma de evaluar distingue a los equipos donde los profesionales realmente han internalizado lo que es ágil y saben por qué deberían hacerlo y cómo les ayuda a entregar valor a sus clientes y partes interesadas de los equipos que solo están haciendo Ágil o Scrum porque se les ha dicho que lo hagan por parte de sus gerentes u organización.

 Hay muchas cartas en el juego de autoevaluación ágil que apuntan a los valores y principios ágiles. Puedes usar esas tarjetas para autoevaluar la mentalidad ágil.

Evaluar los valores y la mentalidad implica preguntarse por qué se realizan determinadas prácticas y rituales ágiles. Empodera al equipo ágil al desarrollar una comprensión compartida de las debilidades y fortalezas de su forma de trabajar y decidir qué pasos tomarán para mejorar.

Los equipos ágiles eficaces comprenden la cultura, la mentalidad y los valores ágiles. Eso les permite mejorar sus procesos de desarrollo de forma ágil. Pueden utilizar las reglas de oro para la mejora ágil de procesos para mejorar mediante la realización continua de acciones de mejora pequeñas pero valiosas.

Como sugiere el nombre, las autoevaluaciones ágiles están destinadas a ser herramientas para equipos ágiles. El resultado de una evaluación ayuda a un equipo a saber cómo lo están haciendo para mejorar. Por lo tanto, los resultados de una evaluación deben ser utilizados únicamente por el equipo. Los gerentes no deben utilizarlos para evaluar el desempeño del equipo o para comparar y calificar equipos.

En la reunión surgió la pregunta de si puedes esperar que un equipo pueda evaluarse a sí mismo. Depende, como siempre :-). Los equipos que acaban de empezar con ágil pueden tener dificultades para tomar distancia y explorar cómo les va. También es posible que no comprendan lo suficiente el por qué y el cómo de ágil para evaluar realmente cómo lo están haciendo. En tales casos, un facilitador (externo) puede entrenar y acompañar a los equipos para que realicen sus primeras evaluaciones.

Un coach ágil puede ayudar a un equipo a desarrollar habilidades de evaluación, permitiéndoles hacer sus propias evaluaciones en el futuro. Las habilidades blandas son importantes en TI y los coaches ágiles pueden ayudar a las personas a aprender y mejorar esas habilidades. Lo que también es una forma eficaz de ayudar a un equipo a ser ágil de forma ágil.

La historia de tu experiencia

Si has jugado al juego de autoevaluación ágil y te gustaría compartir tus experiencias conmigo, ¡sería genial!

No dudes en comunicarte conmigo y contarme tu historia. Hazme saber cómo jugaste el juego, cómo fue, qué aprendiste y qué beneficios te ha brindado.

Tu historia se puede publicar como un blog invitado en mi sitio web. También podría incluirse en una próxima edición de este libro.

Por favor contáctame por correo electrónico: benlinders@gmail.com.

Preguntas frecuentes

Este capítulo tiene como objetivo responder cualquier pregunta que tengas sobre el Juego de autoevaluación ágil. Si tu pregunta no tiene respuesta aquí, por favor contáctame.

Como Scrum Master interno o coach interno ágil, ¿puedo jugar con mi(s) equipo(s)?

¡Absolutamente! Continúa y descarga el juego y los paquetes de expansión (Scrum, DevOps, Kanban, Business, Agility, etc.) que necesites, inspírate con las sugerencias del juego y comienza a jugarlo.

Si me pagan como Scrum Master o para entrenar a un equipo, ¿puedo usar el juego en una retrospectiva?

La licencia establece que no se permite el uso comercial. Sin embargo, el juego está ahí para jugar, no para acumular polvo.

Puedes usarlo en retrospectivas, o en otras ocasiones con equipos, siempre que menciones mi nombre como creador del juego y mi sitio web como fuente donde se puede descargar el juego.

Esto también se aplica cuando eres un consultor externo que trabaja con un cliente (en realidad, el juego lo compran consultores de todo el mundo que lo juegan con equipos en los sitios del cliente). Deja claro a los equipos con los que trabajas que el juego fue desarrollado por Ben Linders, no tú.

¿Puedo compartir el juego con mis colegas o con otros profesionales como coaches o Scrum masters?

Cuando compras el juego y los paquetes de expansión, obtienes una licencia personal para jugarlo. No se te permite distribuir, compartir o transferir el juego de ninguna manera.

Por supuesto, no dudes en contarles sobre el juego y darles la URL de la página de inicio del juego benlinders.com/game o de la tienda web benlinders.com/shop para que puedan descargar su propia copia personal del juego y los paquetes de expansión para jugarlo.

¿Qué pasa si estoy facilitando un taller para uno o varios equipos, puedo usarlo?

Esto no está permitido, ya que sería un servicio similar al que ofrezco comercialmente a través de mis talleres. La licencia mencionada en la tienda web y en el juego, que también recibiste cuando compraste el juego, lo dice muy claramente.

Por otra parte, no quiero ser demasiado protector, lo que evitaría que el juego se use y ofrezca su valor. Si planeas usarlo en un taller interno, comunícate conmigo para discutir esto. Deberíamos poder formular una licencia práctica para esto, donde la atribución y el reconocimiento para mí son más importantes que el dinero.

Ten en cuenta que si estás interesado en ofrecer capacitación que incluya uno de mis juegos o libros, espero que vengas a uno de mis talleres para aprender sobre el juego antes de enseñar a otros.

¿Puedes hacer un taller en sitio para enseñarnos cómo usar el juego?

¡Por supuesto! Hago muchos de ellos, ya sea como un evento único o dentro de un acuerdo de consultoría con empresas. A menudo, jugar es parte de una serie de talleres, o me piden que haga otro taller después de un tiempo. Soy flexible, ¡contáctame para discutir tus necesidades!

Regularmente vuelo para hacer talleres en sitio en todo el mundo, los eventos de una sola vez están perfectamente bien para mí.

¿Puedes venir hasta nosotros para hacer evaluaciones dentro de nuestra empresa?

Puedo ir para facilitar las autoevaluaciones dentro de tu empresa, ayudando a los equipos a descubrir qué tan bien lo están haciendo y explorar cómo pueden mejorar aún más. Eso sería un trabajo remunerado, por supuesto, ya que aumenta el valor de tus equipos y tu empresa.

Ten en cuenta que no estaría evaluando a tus equipos ni a la empresa con el juego, estaría apoyando y enseñando cómo pueden hacerlo ustedes mismos. Después de que me vaya, podrás hacer autoevaluaciones con el juego.

Si deseas una evaluación, ese es un servicio diferente que proporciono, por ejemplo, evaluaciones y auditorías de CMMI.

Hay empresas que "abusan" de la autoevaluación como enlaces de mercadeo para conseguir trabajo de consultoría, yo no hago eso. No estoy ofreciendo evaluaciones "gratuitas" para ingresar y vender horas de consultoría.

No hago consultoría a tiempo completo ni consultoría a tiempo parcial a largo plazo. Trabajo con muchos clientes en paralelo, brindando capacitación, asesoramiento y coaching justo a tiempo.

Si un cliente me paga, ¿debería simplemente no usar el material en absoluto?

Se te permite usar mis juegos, libros y cualquier otro producto mío en las condiciones descritas anteriormente. Así como quiero que los equipos jueguen, me gustaría que los consultores y entrenadores me apoyen jugando el juego. ¡El juego está ahí para ser jugado, no para esconderlo o protegerlo!

Así que permito que los entrenadores y consultores jueguen con los equipos con los que trabajan. Y me encanta escuchar de ellos cómo funciona.

Está estrictamente prohibido realizar entrenamientos o talleres que incluyan uno o más juegos. Si ves un mercado para un taller con uno de mis juegos o libros en el área donde vive o trabaja, házmelo saber. Así, me gustaría asociarme contigo para ofrecer talleres públicos o internos.

¿Por qué pones el juego a disposición de otros consultores y coaches?

Parte de mi negocio es impartir talleres (internos y públicos) y realizar trabajos de asesoría y coaching en sitio, donde los juegos y ejercicios que utilizo impulsan significativamente el valor que entrego.

Estoy tratando de encontrar un equilibrio entre brindar herramientas que los equipos y entrenadores puedan utilizar en su trabajo diario y servicios como talleres, capacitación y asesoramiento a las organizaciones para un cambio sostenible. Ambos tienen como objetivo aumentar la agilidad y dar como resultado mejores productos y servicios de software, que es mi contribución para hacer que este mundo sea un poco mejor. Ambos tienen valor, por eso comencé a vender el juego a través de mi tienda web.

También la escala juega un papel aquí. No puedo entrenar a todas las organizaciones y equipos que quieran jugar el juego. Pero puedo proporcionar el juego a través de mi tienda web y (de forma remota) apoyar a los facilitadores de todo el mundo cuando lo jueguen :-).

Es un placer para mí apoyar a los consultores y coaches si quieren jugar, así que no dudes en comunicarte conmigo.

En mi empresa, hay varios facilitadores que quieren jugar el juego. ¿Todos tienen que comprar su copia personal del juego?

Cuando alguien compra un juego o un paquete de expansión, obtiene una licencia personal para jugarlo. Así que una solución es que cada facilitador compre su propio juego para poder jugarlo. Pero con muchos facilitadores dentro de una empresa, eso puede ser una molestia.

Hay una oferta mejor, que es el Juego de autoevaluación ágil - Edición corporativa.

La edición corporativa proporciona diez licencias para que los facilitadores jueguen dentro de la empresa. Contiene el juego básico y todos los paquetes de expansión, y viene con instrucciones de juego e historias de experiencias, una hora de entrenamiento y soporte gratuito de por vida. Obtienes todo esto en una compra, por un precio reducido :-)

En lugar de una licencia personal, la edición corporativa otorga a la empresa una licencia para que el juego se juegue dentro de la empresa.

Trabajo con una consultora y me gustaría que los consultores que contrate jueguen con los equipos de mi empresa. ¿Es eso posible?

Por supuesto. Pero luego tendrás que adquirir la Edición Corporativa del juego, no que la consultora la compre.

Cuando se compra Juego de autoevaluación ágil - Edición corporativa, la licencia corporativa va a la empresa que emplea el comprador. Por lo tanto, el comprador debe ser empleado y trabajar para la empresa donde se supone que se juega el juego, que es su empresa.

¿Qué sucede si la agencia de consultoría o un consultor compra la Edición Corporativa?

Si la agencia de consultoría o un consultor compra la edición corporativa, entonces la licencia les permite jugar el juego con un máximo de diez facilitadores dentro de su propia compañía de consultoría. ¡La licencia no les permite que sus consultores jueguen con sus clientes!

Si una agencia de consultoría quiere que uno de sus consultores juegue con el equipo del cliente, ese consultor debería comprar personalmente el juego. La compra del juego o un paquete de expansión le otorga una licencia personal para jugarlo por parte del consultor, donde la Edición Corporativa viene con una licencia de empresa.

Tengo la Edición Corporativa. Una de las personas que facilitó el juego se ha ido. ¿Está permitido dejar que otro facilitador intervenga y juegue el juego?

¡Sí! La licencia para jugar pertenece a la empresa, por lo que la empresa puede transferirla a otro empleado que jugará dentro de la empresa.

Jugué el juego en la empresa en la que trabajaba usando Corporate Edition, pero ahora dejé la empresa y conseguí un nuevo trabajo. ¿Puedo jugar en la nueva empresa?

La licencia que utilizaste para jugar pertenecía a la empresa en la que trabajabas. No te permite jugarlo en tu nueva empresa.

Te sugiero que compres el juego tú mismo, lo que te dará una licencia personal, o que tu nueva compañía compre la Edición Corporativa y uses una de las licencias que viene con ella para jugar el juego.

Soy consultor y trabajo con varios clientes. ¿Puedo jugar dentro de cada una de las empresas con las que trabajo?

Sí puedes, siempre que hayas comprado el juego personalmente y me lo atribuyas al jugarlo (consulta "Si me pagan como Scrum Master o para consultar o acompañar a un equipo, ¿puedo usar el juego?"). No es necesario comprar varias copias del juego (por cliente).

Ten en cuenta que no puedes usarlo en capacitaciones o talleres. Además, no está permitido que un empleado de uno de tus clientes o un colega facilite el juego, ya que solo tienes una licencia personal e intransferible para jugar.

¿Qué pasa si compro la edición incorrecta del juego?

Eso es fácil, solo contáctame. Házme saber qué pasó y qué necesitas, y lo solucionaremos.

Te reembolsaré y ajustaré el pedido para asegurarme de que obtengas lo que necesitas y solo pagues por eso.

¿Por qué tengo que pagar por descargar el juego?

Inicialmente, ofrecí el juego gratis, pero debido a los excelentes comentarios que recibí de quienes lo jugaron, decidí pedir un pequeño precio por descargarlo. Aparentemente, el juego aporta valor, por lo que tiene sentido que le pida a la gente que pague por él.

Los precios que pido son muy razonables: puedes descargar el juego con paquetes de expansión por el precio de una buena taza de café y un sabroso muffin; cuesta mucho menos de una hora de consultoría (incluso de un consultor barato).

Los ingresos que recibo también justifican el tiempo que invierto con frecuencia en actualizar los juegos y agregar sugerencias de juego.

¿Existe alguna garantía o soporte para el juego?

No puedo ofrecer ninguna garantía, pero todo lo que las personas / empresas me compran viene con Soporte gratuito de por vida. Esto es válido para cualquier taller, entrenamiento, coaching o consejo que brinde, y también para mis juegos y libros.

Si no estás satisfecho con algún producto, en cualquier momento, házmelo saber. Te reembolsaré. Cuando estés feliz o muy feliz, avísame también :-). Envíame un correo electrónico. Escribe un blog invitado para compartir tus experiencias. Deja que el mundo lo sepa en las redes sociales (¡etiquétame o usa la etiqueta #AssessAgility!). ¡Grítalo a los cuatro vientos!

¿Puedo obtener una baraja de cartas física?

La forma más fácil (y actualmente única) de tener tarjetas físicas es descargar el juego y los paquetes de expansión, imprimirlos y dividir las páginas en tarjetas individuales.

Distribuir el juego en formato digital usando PDF es la solución más rápida, fácil y sostenible que se me ocurre.

Este es un juego ágil, que desarrollo utilizando principios y prácticas Lean Startup y Ágil. Las tarjetas se actualizan con frecuencia en función de los comentarios recibidos, se agregan más tarjetas y, a veces, se eliminan. El formato digital me permite hacer esto y publicar con frecuencia.

Estoy explorando soluciones POD como Game Crafter, MPC, Printer Studio y ArtsCow, para producción y envío bajo demanda. Se pueden utilizar para entregar cubiertas individuales pero a un precio elevado.

Si quieres tener múltiples mazos físicos para tu empresa, contáctame. Reserva las Tarjetas de autoevaluación ágil - Mazo físico para hacerme saber que estás interesado. Juntos podemos encontrar una solución.

¿Cómo hago mi propia baraja de cartas?

Empieza por descargar el juego e imprimir los archivos PDF. Dependiendo de su uso esperado, puedes imprimir en papel de fotocopiadora normal (80 g / m2) o papel más pesado, o en papel fotográfico.

Puedes plastificar las tarjetas si tienes la intención de usarlas con frecuencia.

A veces utilizo papel de colores para distinguir los diferentes mazos de cartas. Blanco para el juego principal, verde para tarjetas Kanban, azul para Scrum, etc. Es por eso que las tarjetas son solo en blanco y negro, permite imprimirlas en papel de color.

Cuando juegues, pídele a la gente que no escriba en las tarjetas si deseas reutilizarlas.

¿Tiene una aplicación para el juego de autoevaluación ágil?

Aún no. ¡Las sugerencias sobre cómo hacer esto de una manera práctica son bienvenidas!

Ten en cuenta que preferiría una forma de autodesarrollo, lanzamiento y soporte del juego como un equipo de BusDevOps de un solo hombre. No me envíes ofertas para desarrollar una aplicación para mí o para subcontratar el desarrollo de aplicaciones.

Herramientas de evaluación y listas de verificación

Ágil es un viaje en el que aprendes y mejoras continuamente. Las autoevaluaciones ágiles ayudan a los equipos a ver dónde están para decidir los próximos pasos para aumentar su agilidad.

Si quieres ser más Ágil y Lean, mi recomendación es que te hagas con frecuencia las siguientes 3 preguntas:

- ¿Qué tan Ágil y Lean eres ya?
- ¿Dónde quieres ser más Ágil y Lean? ¿Y por qué?
- ¿Qué puede hacer para dar el siguiente paso?

Las autoevaluaciones ágiles te ayudan a hacer estas preguntas y recorrer tu viaje ágil.

Hay muchos métodos, herramientas y listas de verificación de autoevaluación diferentes que los equipos y las organizaciones pueden usar para averiguar qué tan bien lo están haciendo de manera ágil y qué pueden mejorar para volverse autoorganizados. Para obtener una lista actualizada, visita Autoevaluaciones ágiles.

Ten en cuenta que no todas estas herramientas son verdaderas "autoevaluaciones" y algunas se utilizan como una herramienta de mercadeo para conseguir negocios. No es así como utilizo las autoevaluaciones; enseño a equipos, coaches y gerentes cómo pueden utilizar la autoevaluación como un "mapa ágil" para su viaje de mejora continua.

Herramientas y listas de verificación para autoevaluaciones ágiles

Conozco las siguientes herramientas y listas de verificación (70 ++). Pueden ayudarte a hacer una especie de chequeo inicial de salud ágil o evaluación de preparación/madurez para determinar qué tan Ágil o Lean eres:

- Mi Juego de autoevaluación ágil
- The Unofficial Scrum Checklist from Henrik Kniberg
- 42 point test: How Agile are You by Kelly Waters
- Questions for Transitioning to Agile from Johanna Rothman
- Agile Adoption Framework by Ahmed Sidky
- Team Barometer by Jimmy Janlén
- Scrum Checklist by Boris Gloger
- Corporate Agile 10-point checklist by Elena Yatzeck
- Joe's Unofficial Scrum Checklist by Joe Little
- Lean-Agile Roadmap by NetObjectives
- ScrumButt Test aka the Nokia Test by Jeff Sutherland
- How to Measure Team Agility by Len Lagestee
- Scrum Assessment Series by David Hawks
- Agile Maturity Self Assessment by Robbie Mac Iver
- Enterprise Agility Maturity Matrix by Eliassen Group
- Enterprise Agile Practice Assessment Tool (paid services) by DrAgile
- Comparative Agility by Mike Cohn and Kenny Rubin
- Open Assessments from scrum.org
- Readiness & Fit Analysis from the Software Engineering Institute by Suzanne Miller
- Agile Journey Index by Bill Krebs
- Seven Questions to Ask to Determine if Your Organization is Agile Ready from PMI Austin

- An Organizational Transformation Checklist by Michael Sahota
- Agile Maturity Matrix in JIRA by Atlassian
- Assessing your Client's Agility by Marcel Britsch
- Borland Agile Assessment
- Agile Self Assessment by Cape Project Management
- Agile Maturity Model (AMM) by Chetankumar Patel and Muthu Ramachandran
- Test your Organisation's Agile Credentials by Storm-Consulting
- Depth of Kanban by Christophe Achouiantz
- Agile Essentials (card game) by Ivar Jacobson International
- IBM DevOps Practices Self Assessment
- Agile team evaluation by Eric Gunnerson
- Ready for Agile Part 1 and Part 2 by Salah Elleithy (based on research by Ahmed Sidky)
- Squad Health Check model from Spotify / Henrik Kniberg
- Assessing the level of Agility by Yuval Yeret
- Assess your Agility by James Shore
- Test Maturity card game by Joep Schuurkes and Huib Schoots
- AgilityHealth Radar (paid service)
- Rojooms How Deep is your Agile? by Shirly Ronen-Harel
- Agile 3R Model of Maturity Assessment by Phani Thimmapuram
- Cargo Cult Agile Checklist by Age of Product
- Success Factors for Self-Assessment of Teams by Angelika Drach, Christoph Mathis & Jens Coldewey
- Your Path through Agile Fluency by Diana Larsen and James Shore & Finding Agile That's Fit-for-Purpose by Diana Larsen
- The InfoQ Minibook Scrum Hard Facts: Roles. Artifacts. All meetings provides a Scrum checklist
- The InfoQ Minibook An Agile Adoption and Transformation Survival Guide includes a checklist for change agents
- Organizational Agile Transformation by LeadingAgile
- Agile Maturity Self-Assessment Survey by Eduardo Ribeiro

- Implementing Lean Software Development (Poppendieck)
- Xebia essentials (free app)
- XebiaLabs DevOps Self-Assessment
- Teammetrics by Christiaan Verwijs
- Agile Assessment by Piotr Nowinski
- Assess your agile engineering practices by Corinna Baldauf
- Agile Maturity Model by Jez Humble and Rolf Russell
- Maturity Assessment Model for Scrum Teams by Marmamula Prashanth Kumar
- The Joel Test: 12 Steps to Better Code by Joel Spolsky
- Back-of-a-Napkin Agile Assessment by Elisabeth Hendrickson
- Are you really agile? by People10
- Process Goals from Disciplined Agile (submitted by Scott W.Ambler)
- Scrum Master Checklist by Michael James
- Top 20 self assessment questions by Gene Gendel
- Project Approach Questionaire by Agile Business Consortium
- Visual Management Self-Assessment by Ben Hogan (free subscription required)
- Lean Agile Intelligence by Michael McCalla (free tool, registration required)
- Continuous Delivery Maturity Checklist by DZone
- The Agendashift(tm) values-based delivery assessment by Mike Burrows (commercial service with free mini edition)
- Retropoly by Sorin Sfirlogea and Florian Georgescu
- How Agile Are You? by Mark Balbes
- quick self-assessment of your organization's agility by Signet / Charles Parry
- Agile Software Development Complete Self-Assessment (paid service)
- DevOps Self-Assessment by Microsoft in collaboration with DevOps Research and Assessment (DORA) - Registration required

- Health Monitors from the Atlassian Team Playbook
- Kanban Service Maturity Assessment by Gerard Chiva
- fluent@agile game by Peter Antman and Christian Vikström
- Agile Alert by H&Z
- Team Agility Self Assessment by Yodiz
- SAFe Team Agility Self-Assessment by Scaled Agile
- Agile Software Product Line Automotive - Assessment Model (aspla) by Philipp Hohl
- Business Agility Manifesto - Diagnostics by Roger T. Burlton, Ronald G. Ross & John A. Zachman
- Agile Assessment by AgileTrailblazers (paid service)
- Enterprise Business Agility Maturity Assessment by Eduardo Ribeiro

Si deseas volverte ágil de una manera ágil y quisieras recibir ayuda para aplicar cualquier combinación de estas herramientas, consulta mis servicios, en inglés, y no dudes en ponerte en contacto conmigo.

Evaluaciones ágiles en holandés

- Agile Zelfevaluatie kaarten door Ben Linders
- Agile Self Assessment door Mike Hoogveld/Nyenrode Business University (Nederlandstalig)

Información general sobre autoevaluaciones ágiles

Los artículos y libros que se mencionan a continuación pueden ayudarte a realizar una autoevaluación ágil o a desarrollar tu propia evaluación:

- How Agile Are You? on LinkedIn
- Agile Addresses "The Five Dysfunctions of a Team" from InfoQ
- Drexler/Sibbet Team Performance Model
- Personality types: Myers-Briggs Type Indicator and DISC assessment
- Team Dynamics: Satir Change Model, Human Dynamics and Tuckman's Stages of Team Formation
- Measuring and managing agile maturity (tag: measurement) by Brad Murphy
- Something agile: new ideas for agile implementation by Jan Gentsch
- A List of Agility Tests by David Koontz
- Agendashift by Mike Burrows
- Agile Managen door Mike Hoogveld
- Assess Your Team's Scrum Level Using ShuHaRi and the Celebration Grid by Juergen Mohr
- Are You Agile? An Assessment Can Tell You by Joel Bancroft-Connors
- Model for Team Effectiveness based on research by Richard Hackman

Consigue las tarjetas de autoevaluación ágil

Los ejercicios y juegos descritos en este libro se pueden jugar utilizando mazos de cartas del Juego de autoevaluación ágil.

Este capítulo proporciona información sobre cómo descargar barajas de cartas de mi tienda web o comprar paquetes con las cartas y el libro.

El Juego de autoevaluación ágil y todos los Paquetes de expansión tienen una licencia Licencia CC BY-NC-ND 3.0. Si deseas utilizar el juego con fines comerciales, comunícate con Ben Linders.

Descarga desde la tienda web de Ben Linders

Las cartas del juego básico y todos los paquetes de expansión se pueden descargar en formato PDF en mi tienda web.

 Antes de comprar cartas, registra tu libro para comprar barajas de cartas con un cupón de descuento en benlinders.com/agile-self-assessment-game.

Mazos de cartas disponibles:

En español

- Tarjetas ágiles principales
- Paquete de expansión Scrum
- Paquete de expansión DevOps
- Paquete de expansión Busines Agility
- Paquete de expansión Kanban

En inglés

- Agile Self-assessment Game
- Scrum expansion pack
- DevOps expansion pack
- Busines Agility expansion pack
- Kanban expansion pack

También hay barajas de cartas de autoevaluación ágil disponibles en varios idiomas:

- Agile Self-assessment Game - edición en inglés
- Juego autoevaluación ágil - edición en español

- Agilní sebehodnotící hra - edición checa
- Gra Agile Self-Assessment - edición polaca
- Agile Zelfevaluatie Kaarten - edición holandesa
- Jeu de cartes d'autoévaluation Agile - edición francesa

Paquetes con Tarjetas

Si obtuviste este libro a través de Leanpub, es posible que hayas optado por comprar un paquete que incluye tarjetas. Se admiten varios idiomas con paquetes específicos, actualmente están disponibles:

- Juego de autoevaluación ágil - Edición en inglés: El libro (en inglés) con 52 cartas ágiles básicas y paquetes de expansión para Scrum (39 cartas), Kanban (52 cartas), DevOps (26 cartas) y Business Agility (26 cartas). ¡Total de 195 cartas en inglés!
- Juego Autoevaluación Ágil - Edición en español: El libro (en español) con 52 cartas básicas de Ágil en español y paquetes de expansión en español para Scrum (39 cartas), Kanban (52 cartas), DevOps (26 cartas) y Business Agility (26 cartas). ¡Total de 195 cartas en español!
- Agilní sebehodnotící hra - Edición checa: El libro (en inglés) con 52 cartas básicas de Agile en checo y packs de expansión en checo para Scrum (39 cartas), Kanban (52 cartas), DevOps (26 cartas) y Business Agility (26 cartas)). ¡Total de 195 cartas checas!
- Autoevaluación Agile - Edición polaca: El libro (en inglés) con 52 cartas básicas de Agile en polaco y paquetes de expansión en polaco para Scrum (39 cartas), DevOps (26 cartas) y Business Agility (26 cartas). ¡Total de 143 cartas polacas!
- Agile Zelfevaluatie Kaarten - Edición holandesa: el libro (en inglés) con 52 cartas ágiles básicas en holandés y paquetes de expansión en holandés para Scrum (39 cartas), Kanban (52 cartas) y DevOps (26 cartas). ¡Total de 169 cartas en holandés!
- Jeu de cartes d'autoévaluation Agile - Edición francesa: El libro (en inglés) con 52 cartas básicas de Agile en francés. ¡Total de 52 cartas francesas!

Encuentra más información sobre los paquetes anteriores (libro y tarjetas) aquí.

Capacitación y soporte

Hay varias formas de capacitarse para jugar el juego: realiza una capacitación inicial de una hora o compra la edición corporativa que incluye esta capacitación, o asiste a un taller público o interno.

Brindo muchos servicios para evaluar tu agilidad y puedo ayudarte a aumentar el valor entregado. Estos servicios no están disponibles en español, sino en inglés. ¡Lamento el inconveniente!

Quiero que tengas éxito. Por lo tanto, proporciono soporte gratuito de por vida en todo lo que hago para ayudarte a usar lo que entrego en tu situación específica.

Entrenamiento inicial para el juego de autoevaluación ágil

La formación inicial es un taller remoto de una hora dirigido por un instructor para jugar el Juego de autoevaluación ágil: aprende a crear las cartas, preparar un juego y jugarlo con tus equipos.

Después de comprar este servicio, me pondré en contacto contigo para planificar la formación y organizar todo. Normalmente estoy disponible con poca antelación y soy flexible en cuanto al tiempo para adaptarme a lo que le conviene.

El entrenamiento de inicio se puede extender para profundizar en el juego y la gamificación. Podemos convertirlo en un minitaller si quieres explorar cómo utilizar este juego como herramienta de mejora continua. Contáctame y lo solucionaremos :-).

Este taller es parte de mis servicios de coaching remoto. Estos servicios remotos se brindan mediante una conexión de video + audio (Skype o similar) en un momento que funcione para ti y para mí.

 Mis talleres remotos y sesiones de coaching son altamente interactivos, aprenderás cosas que puedes aplicar directamente en tu trabajo diario en un período corto de tiempo sin tener que viajar.

Juego de autoevaluación ágil - Edición corporativa

Con la edición corporativa del juego, las organizaciones pueden descubrir qué tan ágiles son sus equipos y qué pueden hacer para aumentar su agilidad y ofrecer más valor a sus clientes y partes interesadas.

La edición corporativa de este exitoso juego ágil incluye:

- Tarjetas para jugar el juego de autoevaluación ágil
- Paquetes de expansión para Scrum, DevOps, Kanban y Business Agility
- Sugerencias de reproducción e historias de experiencias
- Licencia corporativa para varios equipos o hasta diez facilitadores
- Una hora de entrenamiento de inicio remoto gratuito en el juego
- Soporte gratuito de por vida

La edición corporativa otorga a la empresa una licencia para que el juego sea jugado dentro de la empresa por múltiples facilitadores.

Después de comprar esta edición corporativa, me pondré en contacto contigo para planificar la formación inicial y organizar todo. Normalmente estoy disponible con poca antelación y soy flexible en cuanto al tiempo para adaptarme a lo que le conviene.

Evaluación de tus servicios de agilidad

Brindo muchos servicios para evaluar tu agilidad y puedo ayudarte a aumentar el valor entregado.

Se ofrecen los siguientes servicios:

- Taller interno: jugar al juego de autoevaluación ágil (comunícate conmigo para obtener más detalles)
- Talleres públicos que incluyen el Juego de Autoevaluación Ágil
- Evaluación ágil para tu equipo, departamento u organización (contáctame para más detalles)
- Capacitar a los evaluadores, capacitación remota o en sitio para facilitar las autoevaluaciones (consulta también la Capacitación inicial mencionada anteriormente)
- Facilitación para jugar el juego en tu evento (conferencia, reunión, hackathon, laboratorio de juegos, etc.)
- Adaptar el juego de autoevaluación ágil a tus necesidades específicas
- Licencias para jugar al juego

Como asesor senior y coach con más de treinta años de experiencia en desarrollo y administración de software, estoy allí para guiarte en tu viaje ágil y ayudarte a mejorar tu agilidad para brindar más valor a tus clientes y partes interesadas.

Para obtener la información más reciente sobre mis servicios, visita Evaluación de tu agilidad, en inglés.

Aumento de tus talleres de agilidad

Regularmente ofrezco talleres, clases magistrales y sesiones de capacitación, donde las personas obtienen nuevos conocimientos, prueban diferentes prácticas y técnicas y aprenden cómo aplicarlas de manera efectiva en su propia situación específica.

A continuación encontrarás algunos de los talleres que imparto. Para obtener información actualizada, visita talleres, en inglés.

Hacer un trabajo ágil para ti

Si tu transformación ágil no está dando resultados, si lo estás haciendo ágil y deseas ofrecer más valor a tus clientes y partes interesadas: únete a mi taller Cómo hacer que Ágil funcione para ti, en inglés.

En este taller, aprenderás a aplicar prácticas ágiles para desarrollar los productos adecuados, entregar más rápido, aumentar la calidad y convertirte en un equipo feliz de alto rendimiento.

Mejora la agilidad organizacional

Si tu organización está tratando de adoptar la agilidad pero le resulta difícil hacerlo, tiene dificultades para adaptarse a tiempos de entrega cortos y no puede eliminar las barreras que bloquean la colaboración entre organizaciones: únete a mi taller Mejora de la agilidad organizacional, en inglés.

Aprende a aplicar la agilidad en toda tu organización cambiando la cultura y la mentalidad y mejorando en pasos pequeños pero significativos.

Retrospectivas ágiles valiosas

En el Taller Retrospectivas Ágiles de Valor para Equipos, en inglés, practicarás diferentes tipos de retrospectivas y aprenderás cómo adoptar y aplicar retrospectivas en tu propia organización.

Soporte gratuito de por vida para jugar el juego

Proporciono Soporte gratuito de por vida en todo lo que hago para ayudarte a usar lo que entrego en tu situación específica. Quiero que tengas éxito. Este soporte lo brindo en inglés.

Te ayudaré a aplicar lo que hayas aprendido en mis talleres o sesiones de asesoría o coaching, te apoyaré si surgen dudas mientras o después de leer mis libros, preparar o jugar juegos, o al utilizar cualquier otro producto o servicio proporcionado por mí.

Funciona así:

- Envíame un correo electrónico, ojalá en inglés, y describe tus necesidades. Incluye información adicional sobre lo que estás buscando y por qué, la situación actual o cualquier otra cosa que pueda ser relevante.
- Te daré sugerencias o ideas sobre lo que puedes hacer. Normalmente responderé en 24 horas.

La razón por la que hago esto es que quiero que las personas con las que trabajo y cualquiera que compre los libros que escribí o los juegos que creé tengan éxito.

Como comprador y lector de este libro, tienes derecho a Asistencia gratuita de por vida. Por favor contáctame por correo electrónico a benlinders@gmail.com.

Ofrezco soporte gratuito de por vida con una política de uso justo. Tómatelo bien y te ayudaré en cualquier momento.

Acerca del Autor

Ben Linders: Instructor / Coach / Consultor / Autor / Orador

Ben Linders es un consultor independiente en Agilidad, Lean, Calidad y Mejoramiento Continuo, con sede en los Países Bajos.

Autor de Obteniendo valor de las Retrospectivas ágiles, Waardevolle Agile Retrospectives, What Drives Quality, y Continuous Improvement. Creador del Juego de Autoevaluación Ágil.

Como asesor, coach y formador, ayudo a las organizaciones a implementar prácticas de gestión y desarrollo de software eficaces. Me enfoco en la mejora continua, la colaboración, la comunicación y el desarrollo profesional para brindar valor de negocio a los clientes.

Soy un miembro activo de redes sobre Agilidad, Lean y Calidad, y un conocido orador y autor. Comparto mis experiencias en un blog bilingüe (alemán e inglés), como editor de Cultura y Métodos en InfoQ, y como experto en comunidades como Computable, Quora, DZone y TechTarget.

Sígueme en twitter: @BenLinders.

Bibliografía

Mi blog y mis libros

Ben Linders - Sharing my Experience - www.benlinders.com

Obteniendo valor de las retrospectivas – Una caja de herramientas para ejercicios de retrospectivas

What Drives Quality - A Deep Dive into Software Quality with Practical Solutions for Delivering High-Quality Products

The Agile Self-assessment Game - The Agile Coaching Tool For Improving Your Agility

Continuous Improvement - A toolbox for Scrum masters and Agile Coaches to increase agility

Registra tu libro en benlinders.com/agile-self-assessment-game

Libros (ordenados por título)

Accelerate by Nicole Forsgren, Jez Humble, and Gene Kim

Agendashift Part 1 by Mike Burrows.

Agile Software Development Complete Self-Assessment Guide by Gerardus Blokdyk.

Debugging Teams by Brian W. Fitzpatrick and Ben Collins-Sussman.

Getting Value out of Agile Retrospectives by Luis Gonçalves and Ben Linders.

iTeam: Putting the 'I' Back into Team by William E. Perry.

Liftoff by Diana Larsen and Ainsley Nies.

Managing for Happiness by Jurgen Appelo.

Enlaces

Manifesto for Agile Software Development.

Manifesto por el Desarrollo Ágil de Software, en español.

Agile Self-Assessment Game

Juego de autoevaluación ágil, en español

Agile Self-assessment Tools and Checklists

Assessing your Agility

Agile Coaching Tools

Tienda Web de juegos ágiles

www.ingramcontent.com/pod-product-compliance
Lightning Source LLC
Chambersburg PA
CBHW070614170726
48004CB00018B/1310